Kurt Henseler
Gesunde Zimmerluft
durch Pflanzen

Kurt Henseler

Gesunde Zimmerluft durch Pflanzen

Franckh-Kosmos

Impressum

Mit 12 Farbfotos von:
Johannes Apel, Elmshorn: 35
CMA (Centrale Marketinggesellschaft der deutschen Agrarwirtschaft mbH), Bonn: 18, 36, 37
GWL Gesellschaft für Wasser- und Luftaufbereitung mbH, Köln: 38
Hydro Rotter, Wiesbaden-Erbenheim: 55 u., 56
Friedrich Strauss, Au i. d. Hallertau: 17, 55 o. r., 55 o. l.

Mit 34 Zeichnungen von:
Karin Aichele: 61
Marianne Golte-Bechtle, Stuttgart: 1, 3, 6, 13, 21, 30, 33 u., 47, 62, 67, 68
Horst Lünser, Berlin: 8, 12, 14, 15, 19, 20, 23, 25, 27, 31, 33 o., 34, 40, 42, 46, 48/49, 50, 53, 57, 59, 63, 65

Die Zeichnungen auf Seiten 48/49 und 65 sind dem Buch »Zimmerpflanzen« von Dr. Peter Lange entnommen, erschienen in der Franckh-Kosmos Verlags-GmbH, Stuttgart.
Die Zeichnung auf Seite 61 ist dem Buch »Zimmergärtnern naturgemäß« von Sigrid Heuer entnommen, erschienen in der Franckh-Kosmos Verlags-GmbH, Stuttgart.

Umschlaggestaltung von Atelier Reichert, Stuttgart, unter Verwendung von vier Farbfotos von Annerose Schatter, Stuttgart (Vorderseite) und Hydro Rotter, Wiesbaden-Erbenheim (Rückseite)

Das Foto auf der Umschlagrückseite zeigt *Dracaena deremensis* 'Warneckii', Drachenbaum.

Die Deutsche Bibliothek –
CIP-Einheitsaufnahme

Henseler, Kurt:
Gesunde Zimmerluft durch Pflanzen / Kurt Henseler. – Stuttgart : Franckh-Kosmos, 1992
ISBN 3-440-06491-3

© 1992, Franckh-Kosmos Verlags-GmbH & Co., Stuttgart
Alle Rechte vorbehalten
Lektorat: Angelika Throll-Keller
Herstellerin: Kirsten Raue
ISBN 3-440-06491-3
Printed in Germany/Imprimé en Allemagne
Satz: G. Müller, Heilbronn
Herstellung: Huber KG, Dießen

Inhalt

Inhalt

Dicke Luft – Lehrer und Schüler krank!

Kopfschmerzen, Erkältungen, Hals-und Schleimhautentzündungen, Müdigkeit und Bronchitis sind in der Ganztagsschule unter Schülern an der Tagesordnung. Auch die Krankmeldungen der Lehrer liegen weit über dem Durchschnitt.

Grund: Von zwei veralteten Belüftungsanlagen, die für die Sauerstoffzufuhr sorgen, ist eine kaputt, die andere fällt häufig aus.

Diese Meldung konnte man im Herbst 1991 der Tagespresse entnehmen.

Es vergeht kaum eine Woche, in der man nicht auf die Probleme der Umweltverschmutzung hingewiesen wird. Es ist ein schwerer Irrtum anzunehmen, daß man den Gefahren der Umweltverschmutzung aus dem Wege gehen kann, indem man zu Hause bleibt und die Tür hinter sich zumacht. Statistisch gesehen verbringt der Mensch täglich etwa 22 Stunden in geschlossenen Räumen.

In den letzten 15 Jahren erregten biologische Prozesse immer mehr die Aufmerksamkeit der Forschung. Ein Biosystem, das sich selbständig erneuert, wird als eine Lösungsmöglichkeit angesehen. Es liegt daher auf der Hand, daß man sich der Pflanzen bedient.

In diesem Buch wird einerseits die z. Z. vorhandene Situation geschildert, andererseits werden Lösungsmöglichkeiten beschrieben, die geeignet sind, die Innenraumluft mit Hilfe von Zimmerpflanzen zu entseuchen.

Auf einen kurzen Nenner gebracht: Das Wohlbefinden des Menschen steigt proportional mit der Anzahl der Pflanzen, die er in seiner Wohnung betreut.

Bonn, im März 1992
Kurt Henseler

Luftverunreinigung macht an der Haustür nicht halt

Es vergeht kaum eine Woche, in der man nicht auf die Probleme der Luftverschmutzung hingewiesen wird. Da ist die Rede von Schwefeldioxyd, Kohlendioxyd, Schwermetalle wie Blei und Quecksilber. Diese Liste ließe sich beliebig fortsetzen.

Dabei ist es ein schwerer Irrtum anzunehmen, daß man diesen Gefahren aus dem Weg gehen kann, indem man zu Hause bleibt und die Tür hinter sich zumacht.

Auch ist es längst kein Geheimnis mehr, daß die Gefahren, die durch Luftverunreinigungen von den Innenräumen ausgehen, gesundheitliche Probleme bringen können.

> Statistisch gesehen verbringt der Mensch täglich durchschnittlich
> 8 Stunden im Arbeitsraum,
> 7 Stunden im Wohnzimmer
> und weitere
> 7 Stunden im Schlafzimmer.

Nach der Statistik sind es also lediglich zwei Stunden pro Tag, die der Mensch

Viele Zimmerpflanzen in Büro- und Arbeitsräumen steigern das Wohlbefinden und tragen zudem zu verbesserter Zimmerluft bei.

außerhalb irgendwelcher Behausung verbringt.

Aus der Raumfahrtforschung kommen die Ergebnisse, die Auskunft geben über die Qualität der Atemluft in geschlossenen Räumen. Die Techniker bei der NASA haben herausgefunden, daß während des Aufenthaltes von Skylab III die Besatzung von mehr als 300 ätherischen, organischen Substanzen umgeben waren, die sich alle innerhalb des Raumschiffes gebildet hatten. Von den mehr als 300 Substanzen konnten 107 Stoffe identifiziert werden. Im Prinzip war diese Feststellung nicht unbedingt neu. Denn bereits in den 50er Jahren begannen die Mediziner in den Vereinigten Staaten von Amerika die Qualität der Atemluft in geschlossenen Räumen in Beziehung zu Allergien und chronischen Erkrankungen zu setzen. Seit dieser Zeit wurden die Probleme der Gesundheitsgefährdung durch Luftverunreinigung in geschlossenen Räumen aber noch wesentlich größer. Wir alle erinnern uns noch genau an die letzte Energiekrise, die dazu geführt hat, daß unsere Gebäude in ihrer Isolierung nach außen wesentlich verbessert worden sind. Dies war einfach notwendig, um Heizenergie einzusparen. Die Kehrseite der Medaille war, daß seit dieser

Einleitung

Zeit ein vermehrtes Auftreten von allergischen Reaktionen und anderen chronischen Krankheiten beobachtet werden konnte.

Dies rief auch die Parlamentarier des Deutschen Bundestages auf den Plan. In seiner 94. Sitzung vom 22. September 1988 beschäftigte sich das Parlament mit den Verunreinigungen in Innenräumen. Dieser Debatte lag ein Sondergutachten des Rates von Sachverständigen zu Umweltfragen vom Mai 1987 zugrunde. Der Abgeordnete Schmitbauer, der die Debatte eröffnete, stellte fest:

»Das Gutachten des Sachverständigenrates für Umweltfragen enthält die wichtigste Feststellung, daß die Qualität der Innenraumluft häufig schlechter ist als die der Außenluft. Da wir uns vorwiegend in Innenräumen aufhalten, heißt das, daß wir der Reinhaltung der Luft in Innenräumen noch größere Aufmerksamkeit widmen müssen als der traditionellen Luftreinhaltung.«

Der Abgeordnete Schmitbauer erwähnte weiter:

»In Innenräumen sind wir Emissionen von Kohleherden, Öfen, Kaminen und dergleichen ausgesetzt, auch aus vermehrtem Einsatz von Chemikalien im Haushalts-, Hobby- und Heimwerker-Bereich, der uns natürlich alle angeht. Verbesserte Abdichtungen von Fenstern und Türen verstärken die Schadstoffkonzentrationen in Innenräumen. Diese sehr vielfältigen Belastungen durch Stoffe bedeuten

auch Risiken für Gesundheit und Umwelt.«

Schmitbauer, der auch für die CDU/-CSU-Fraktion sprach, führte dann aus, was im einzelnen von der Regierung bereits unternommen worden ist.

Der Abgeordnete Weiermann (SPD) erinnerte in seiner Rede, daß die Gefahr der Luftverunreinigung in Innenräumen bereits vor über 100 Jahren erkannt worden sei. Er zitierte dabei Prof. Dr. Pettenkofer, bei dem zu lesen sei, daß auf reine Luft in Wohnungen »strenge zu halten ist, da schlechte Luft die Quelle vieler chronischer Leiden ist«.

Weiermann weiter:

»Wir wissen vielfach noch zu wenig über die Belastung der Innenraumluft mit Schadstoffen und die damit verbundenen Gesundheitsrisiken. Aber das, was wir wissen und was der Sachverständigenrat in seinem Gutachten dargestellt hat, gibt Anlaß zur Sorge, und es erfordert endlich Vorsorgemaßnahmen der Bundesregierung.«

Er machte einige Vorschläge und wies auf einige problematische Stoffe hin, die besonders zur Schadstoffbelastung in Innenräumen beitragen. Er erwähnte hierbei das Rauchen, die Benutzung von Reinigungsmitteln, Insektensprays, Klebstoffen u.a. Chemikalien für den Haushalts- und Heimwerkerbedarf.

Frau Dr. Segall (FDP) eröffnete ihren Redebeitrag wie folgt:

»Mit dem Sondergutachten des Rates von Sachverständigen für Umwelt-

fragen ‚Luftverunreinigung in Innenräumen' liegt ein Papier vor, das auf ein Stiefkind des Umweltschutzes verweist. Dies ist verwunderlich, denn man muß doch einmal sehen, daß wir alle die Luftqualität von Büro- und Wohnräumen täglich genießen dürfen. Dadurch wird klar, daß wir uns hier mit einem ganz zentralen und umweltpolitischen Thema beschäftigen.«

Frau Dr. Segall wies ebenfalls auf die verschiedenen Schadstoffquellen hin, indem sie den Tabakrauch, Feuerstellen, Reinigungs- und Pflegemittel, Baumaterialien, Gebrauchsartikel und Werkstoffe für Heimwerker, aber auch Klimaanlagen erwähnte.

Frau Garbe (GRÜNE) führte aus, daß über die gefährlichen Chemikalien und viele andere Problemdüfte, die in unserer täglichen Innenraumluft vorhanden sind,

»... eine systematische Begutachtung vorzunehmen, war überfällig. Der Bundesregierung und dem Rat von Sachverständigen von Umweltfragen ist zu verdanken, daß nunmehr eine fundierte Zusammenstellung des Wissens um die Belastungen und Problemstoffe in unserer Innenraumluft auf dem Tisch liegt. Das Ergebnis allerdings ist deprimierend.«

Sie ging nun auf die Problematik aus ihrer Sicht ein, wobei sie deutlich Kritik an der Regierung übte. Im Namen ihrer Fraktion brachte sie einen Entschließungsantrag zur Verringerung der Innenraumluftbelastung ein. Immer wieder wurde von ihr darauf hingewiesen, daß ein dringender Handlungsbedarf bestehe.

Zum Abschluß der Debatte sprach Bundesminister für Umwelt, Naturschutz und Reaktorsicherheit, Prof. Dr. Töpfer. Er wiederum zeigte auf, daß

»... unter den Umwelt- und Gesundheitsschutzaspekten, die uns beschäftigen und auf deren Lösung wir hinarbeiten, das Thema Luftverunreinigung in Innenräumen erst in den letzten Jahren in den Blickwinkel der Öffentlichkeit gerückt ist.«

Der Minister zeigte sich überrascht,

»... denn für den Menschen in unseren Klimazonen ist der Innenraum die eigentliche unmittelbare Umwelt. Trotzdem ist die Qualität der Luft in nicht gewerblichen Innenräumen erst seit etwa 10 Jahren Gegenstand intensiver Untersuchungen...«

Töpfer räumte ein, daß es Querverbindungen zu Allergien geben könnte. Er nannte dies als ein Feld, das noch weiterer intensiver Forschung bedarf, wo aber auch heute schon Handlungsbedarf bestehen würde.

Nach der Ankündigung weiterer Aktivitäten zur Verbesserung der Situation beendete Töpfer seinen Beitrag:

»Ich hoffe, daß diese Diskussion die Ausgangslage dafür war, auch das lange stiefmütterlich behandelte Thema der Innenraumluft intensiv und sachlich, aber auch mit Nachdruck zu behandeln.«

Diese Bundestagsdebatte aus dem Jahre 1988 zeigte demjenigen, der über

Luftdicht schließende Zimmerfenster, aus Energie-, Lärm- und anderen Gründen immer häufiger angebracht, tragen nicht zu einer gesunden Zimmerluft bei. Da hilft schnell und sicher nur häufiges Lüften!

sogenannten MAK-Werte (maximale Arbeitsplatzkonzentration), die von der Deutschen Forschungsgemeinschaft jährlich für ca. 500 Stoffe herausgegeben werden. Diese MAK-Werte, wären sie auch vorgeschrieben für private Wohnräume, würden dazu führen, daß schätzungsweise 10 % der Wohnungen evakuiert werden müßten. Dies hätte zur Konsequenz, daß Millionen von Menschen Hausverbot in ihren eigenen vier Wänden hätten.

»Luft ist das Brot der Zunge, mit dem einzigen Unterschied, daß sie nicht geschluckt, sondern geatmet wird.«

Dies ist eine bereits alte Lebensphilosophie.

die Luftverunreinigung in Innenräumen noch nichts wußte, welchen Stellenwert dieses Thema bereits in der Politik hat. Am 25. April 1990 hat das Bundeskabinett die Einsetzung einer interministeriellen Arbeitsgruppe beschlossen, die eine Konzeption zur Verbesserung der Luftqualität in Innenräumen erarbeiten soll. Die Bundesregierung unterstreicht damit die besondere Bedeutung der Innenraum-Luftproblematik, die mit den Stichworten Asbest, Formaldehyd und Holzschutzmitteln auch in der Öffentlichkeit engagiert diskutiert wird.

Ziel dieser Arbeitsgruppe ist es, eine Konzeption zur Verbesserung der Luftqualität in Innenräumen zu erstellen.

Übrigens gibt es im Gegensatz zu den Wohnräumen für die Arbeitsräume die

Man kann auch sagen, daß die Luft unser unentbehrlichstes Nahrungsmittel ist. Der Mensch kann sie nicht einmal wenige Minuten entbehren, während er ohne Wasser wenige Tage leben und ohne feste Nahrungsaufnahme sogar viele Tage bestehen kann, wenn die Luft und auch Wasser nicht fehlen.

Aus diesem Grunde sind die »hermetisch« (luftdicht) abgeschlossenen Wohnräume, wie sie in der Zeit der Energiekrise mehr und mehr gebaut wurden, alles andere als gesund für den Menschen.

Die ursprünglichen menschlichen Behausungen bestanden aus luftigen

Einleitung

Zelten, sie waren in Felsen- oder Erd-
höhlen eingerichtet, oder sie waren aus
Blöcken erbaut.
Erst als es möglich war, diese Behausungen luftdicht mit Lehm, Steinen o. a.
Bausubstanzen zu verschließen, war es
notwendig, daß man diese Behausungen mit Luft- und Lichtlöchern (sogenannte Fenster) versah.
Das »Siechtum« der Menschen begann
in geschlossenen Räumen, wo sich die
Menschen das wenige an Sauerstoff
noch gegenseitig wegatmeten und
gleichzeitig die Luft mit ihren Ausdün-
stungsstoffen belasteten.

Sauerstoffhunger stand den Menschen
in ihren »welken« Gesichtern geschrie-
ben und frühzeitiger Tod war die Folge.
Nicht selten wurden schwächliche
Schulkinder, die seit ihrer Geburt an
Lufthunger erkrankt waren, dadurch
geheilt, daß man sie Ferien auf dem
Lande machen ließ bzw. sie eine Zeit-
lang dorthin schickte.
Man kann also auch hier den fördernden und Gesundheit erhaltenden
Einfluß der Landluft, die durch das
üppige Vorhandensein von Pflanzen
mit Sauerstoff angereichert ist – spür-
bar merken.

Produktion von Sauerstoff durch Zimmerpflanzen

Die durch Mensch und Tier verbrauchte Sauerstoffmenge wird durch die Leistung von grünen Pflanzen zu Wasser und zu Lande ständig wieder erneuert. Dieser Vorgang ist unter der Bezeichnung Assimilation schon längst bekannt. Wir Menschen haben uns so daran gewöhnt, und es ist für uns so selbstverständlich wie das Ein- und Ausatmen.

Formel für die Assimilation

$$\text{Kohlenstoff + Wasser} \xrightarrow{\text{Licht}} \text{Kohlenhydrat + Wasser + Sauerstoff}$$
$$6\,CO_2 \quad + 12\,H_2O \xrightarrow{\hspace{2cm}} C_6H_{12}O_6 \quad + 6\,H_2O \ + 6\,O_2$$

Der Mensch ist sowohl auf Pflanzen als auch auf Tiere in seiner Umgebung angewiesen.

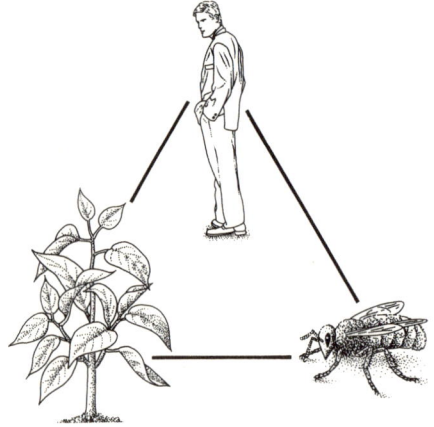

Aber bringen wir auch den Pflanzen die nötige Achtung und Sorgfalt entgegen? Sind sie doch letztlich die Grundlage für unsere eigene Existenz.

Von der Assimilation wissen wir, daß einerseits Sauerstoff produziert, andererseits jedoch auch Sauerstoff wiederum von den Pflanzen verbraucht wird, und zwar während der Dunkelheit. Das bedeutet also, daß die Pflanzen nachts Sauerstoff brauchen. Diese Tatsache hat dazu geführt, daß man allgemein annahm, Pflanzen im Schlafzimmer wären deswegen ungesund, weil sie zusätzlich nachts Sauerstoff verbrauchen, indem sie gleichzeitig noch das für den Menschen gefährliche Kohlendioxyd ausscheiden.

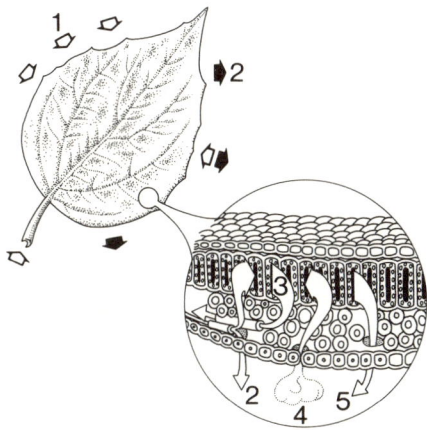

So verbessern Pflanzen die Zimmerluft: sie gewinnen durch die Photosynthese die für ihr Gedeihen notwendigen Kohlenhydrate. Kohlendioxyd (4) wird an der Blattunterseite und Wasser von den Wurzeln aufgenommen, die dann mit Hilfe des Sonnenlichtes (1) im Blatt zu Kohlehydraten (3) umgebaut werden. Als »Abfallprodukte« entstehen Sauerstoff (5) und Wasser (Luftfeuchte, 2), die von den Blättern abgegeben werden.

Betrachtet man unser Öko-System Erde, so kann man feststellen, daß die Erhöhung der Kohlendioxyd-Konzentration zu einer gesteigerten Wuchsleistung der Pflanzen führt, was wiederum eine vermehrte Sauerstoffproduktion zur Folge hat. Diese Rechnung geht natürlich nur so lange auf, wie man die tropischen Urwälder nicht zerstört, die maßgeblich für die Weltproduktion von Sauerstoff verantwortlich sind.

Was in dem globalen Öko-System Erde funktioniert, gilt natürlich auch in einem künstlichen Öko-System, wie dies eine Raumstation im Weltall darstellt.

Vorausgesetzt natürlich, daß diese Raumstation gut mit Pflanzen, Menschen und Tieren ausgestattet ist. Betrachtet man nun einen Wohnraum mit einer üblichen Anzahl an Zimmerpflanzen mit denselben strengen Maßstäben, so läßt sich leicht feststellen, daß eine Vielzahl von dem an Pflanzen notwendig wäre, um den Sauerstoffverbrauch des Menschen zu decken, der sich in dem Raum befindet.

Untersuchungen, die an der Universität Köln durchgeführt worden sind, zeigen, daß eine nennenswerte Regeneration der Raumluft durch Zimmerpflanzen unter realistischen Bedingungen illusorisch ist: Über 1–2 % der notwendigen Sauerstoffmenge sind nicht zu erzielen, wollte man nicht den Innenraum in einen Urwald verwandeln.

Gezieltes Lüften bringt da schon eher die richtigen Sauerstoffgehalte.

Luftfeuchtigkeit

Natürlich spielen die Pflanzen in Innenräumen trotzdem eine wesentliche Rolle, indem sie der Schadstoffentgiftung dienen und auch die Funktion eines Luftbefeuchters übernehmen können.

Ausreichende Luftfeuchtigkeit in den Wohnräumen fördert unser Wohlbefinden.

Innenräume mit einer Temperatur von 18°–24°C und einer relativen Luftfeuchtigkeit von 45–55% sind ideale Voraussetzungen für das Wohlbefinden des Menschen.

In unseren zentral geheizten Räumen beträgt die relative Luftfeuchtigkeit jedoch in der Regel lediglich nur 25–30%. Dies führt zu einer Austrocknung der Schleimhäute und der Atemwege. Dadurch entstehen wiederum Reizerscheinungen und Erkältungskrankheiten. Mit anderen Worten: Bronchitis, Husten und Heiserkeit werden deutlich gefördert.

Die zu trockene Luft in unseren Räumen führt aber auch dazu, daß Möbel und Einrichtungsgegenstände sowie Türen unverhältnismäßig stark austrocknen. Teppichböden laden sich elektrostatisch auf, und Musikinstrumente müssen ständig neu gestimmt werden.

Statische Aufladungen, wie sie beispielsweise beim Gehen über Teppichböden entstehen können, treten verstärkt in Räumen mit niedriger Luftfeuchtigkeit auf.

Diese statischen Aufladungen, die dadurch auftreten, daß man über einen Teppich schreitet oder auch durch Bewegen von Kleidungsstücken, werden von vielen Menschen als sehr unangenehm empfunden. Manch einer hat diese unangenehme Erfahrung schon gemacht, wenn es beim Berühren der Türklinke in den Fingern zuckt. Die dabei entstehenden Spannungen betragen dabei mehrere 1000 Volt.

In der Industrie gibt es viele Möglichkeiten, diese auftretenden Ladungen irgendwie so abzuleiten, daß die Menschen nicht belästigt werden.

Das einfachste Verfahren ist jedoch der Einsatz von einer größeren Anzahl von Pflanzen. Diese Pflanzen sorgen für eine Erhöhung der Luftfeuchtigkeit, was wiederum dazu beiträgt, daß die statischen Aufladungen entweder abnehmen oder sogar ganz vermieden werden. Derselbe Effekt könnte natürlich durch den Einbau einer Luftbefeuchtungsanlage auch erreicht werden.

Der Vorteil, den die Pflanzen zur Luftbefeuchtung bieten, besteht darin, daß im Sommer bei höheren Temperaturen

Gerbera: attraktiv und luftreinigend (siehe S. 40)

Die relative Luftfeuchte wird dadurch erhöht, daß an der Blattunterseite der Pflanzen Wasser (5) abgegeben wird. Dieses Wasser wird von den Wurzelhaaren aus dem Erdreich oder aus der Nährlösung bei Hydrokultur aufgenommen. 1 Wurzelhaar, 2 Erde, 3 Zellen der Wurzel, 4 zentrales Leitbündel (vereinfachte Darstellung).

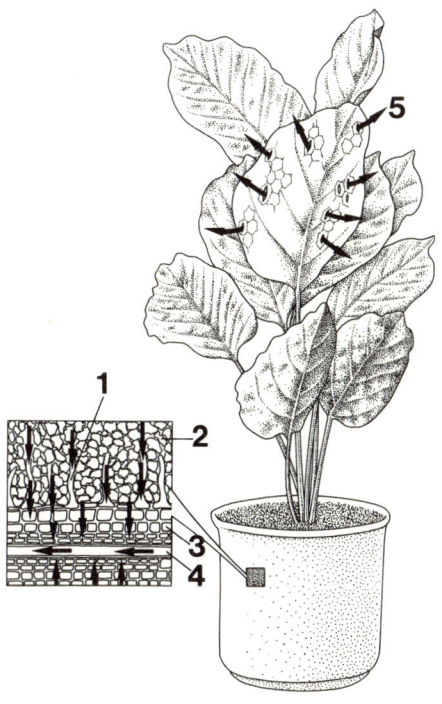

gleichzeitig auch die Verdunstung über die Blattflächen entsprechend ansteigt. Man kann sogar behaupten, daß die Luftfeuchtigkeit ziemlich konstant bleibt.

Bei kühlerem Wetter oder dann, wenn weniger geheizt wird, geht die Verdunstung durch die Pflanzen von alleine wieder zurück. Das ganze System paßt sich also den natürlichen Verhältnissen an.

Der Papyrus gehört zu den Pflanzen, die besonders gut dazu geeignet sind, die relative Luftfeuchtigkeit in einem geschlossenen Raum zu erhöhen. Papyrus, der ja ständig mit seinen Wurzeln im Wasser stehen muß, ist ein wahrer Meister bei der Wasserverdunstung, die gleichzeitig zur Erhöhung der relativen Luftfeuchigkeit dient.

Das »Wüstenklima« bei einer relativen Luftfeuchtigkeit von etwas mehr als 20% kann durch das Aufstellen von Zimmerpflanzen wesentlich verbessert werden.

Eine Papyrus-Pflanze z.B., die eine Höhe von etwa 1,50 m hat, verdunstet pro Tag etwa ein bis zwei Liter Wasser. Etwa 98% des Wassers, das die Pflanzen aufnehmen, wird wieder verdunstet und lediglich etwa 2% von den Pflanzen für ihre eigenen Zwecke verwendet.

Es ist also die Verdunstungsleistung der Pflanze, die die relative Luftfeuchtigkeit in unseren Räumen dann deutlich erhöhen kann, wenn ausreichend viele Zimmerpflanzen vorhanden sind. Wenige Usambara- und Alpenveilchen können das natürlich nicht leisten.

Bogenhanf, *Sansevieria trifasciata* (siehe Seite 41)

Erkältungskrankheiten treten häufig in überhitzten Büroräumen auf, da in trockener und warmer Luft die Krankheitskeime länger lebensfähig sind.

Die Luftfeuchtigkeit und die Lufttemperatur stehen in einem sehr engen Bezug zueinander.

Bei einer bestimmten Temperatur kann die Luft eine bestimmte Höchstmenge an Wasser in Form von Wasserdampf aufnehmen. Ist die Höchstmenge erreicht, spricht man von einer wassergesättigten Luft.

Der Unterschied zwischen dem tatsächlich aufgenommenen Wasser und der Menge, die zur Wassersättigung erforderlich ist, wird bei gleicher Temperatur als die sogenannte relative Luftfeuchte bezeichnet.

Steigt die Raumtemperatur an, kann die Luft noch mehr Feuchtigkeit aufnehmen; sinkt die Temperatur ab, fällt

das Wasser in Form von Niederschlag aus der Luft aus.

Ein angenehmes Innenraumklima herrscht dann vor, wenn die Lufttemperatur zwischen 16 und 20 °C liegt und die relative Luftfeuchtigkeit etwa 40 % und mehr beträgt, was soviel heißt, daß pro kg Luft etwa 4–5 g Wasser enthalten ist.

Stellt man demgegenüber ein schlechtes Beispiel dar, wie dies nicht allzu selten in künstlich klimatisierten Räumen anzutreffen ist, dann liegt dort die Raumtemperatur bei 21 °C und die relative Luftfeuchte bei 30 %. Diese trockene Luft empfinden viele Menschen als zu kühl und erhöhen daher die Innenraumlufttemperatur.

Durch diese verstärkte Erwärmung entsteht in den Räumen eine gewisse Luftbewegung, was wiederum zu einer Staubaufwirbelung führen kann.

Warme und trockene Luft erhöht die Lebensdauer von Krankheitskeimen, das heißt, in überhitzten Büros kommen häufiger Erkältungskrankheiten vor.

Luftfeuchtigkeit ist jedoch nicht nur für den Menschen, sondern auch für die Pflanze von außerordentlicher Bedeutung.

Bei dem Assimilationsvorgang ist es notwendig, daß die Luft ausreichend feucht ist. Das für die Photosynthese notwendige Kohlendioxyd gelangt nämlich über die Spaltöffnungen an Blättern und Stengeln in die Pflanze. Diese Spaltöffnungen enthalten

Luftfeuchtigkeit

Schließzellen, die sich nur bei entsprechender Luftfeuchtigkeit öffnen und das Kohlendioxyd einlassen. Ist die Luftfeuchtigkeit nicht ausreichend vorhanden, öffnen sich die Zellen nicht und das in der Luft vorhandene Kohlendioxyd, das für die Assimilation notwendig ist, kann von der Pflanze nicht genutzt werden. Der Assimilationsvorgang wird eingestellt. In unseren Zimmern ist die Luftfeuchte allerdings immer ausreichend für die Assimilation. Am günstigsten sind Feuchtigkeitswerte von etwa 60 % relativer Luftfeuchte. Bei diesem Luftfeuchtigkeitsgehalt fühlen sich nicht nur die Pflanzen, sondern auch die Menschen sehr wohl.

Trockene Luft kann man leicht vermeiden, indem man ausreichend Gefäße, die mit Wasser gefüllt sind, in der Wohnung aufstellt. Im Handel sind auch sogenannte Luftbefeuchter erhältlich. Die Vielzahl der kleinen Zimmerspringbrunnen – im Gartenfachhandel erhältlich – tragen ebenfalls zur Verbesserung der Luftfeuchtigkeit bei.
In diesem Zusammenhang muß jedoch noch einmal darauf hingewiesen werden, daß die Pflanzen selbst – besonders die großblättrigen – sehr viel Wasser verdunsten und somit, vorausgesetzt die Pflanzen werden gut gepflegt, zu einer Erhöhung der Luftfeuchtigkeit im Raum beitragen.

Licht und Lichtbedürfnisse der Pflanzen

Fast alle Pflanzen benötigen sehr viel Licht. Solche, die ein Schattendasein führen, gibt es zwar auch, gedacht sei dabei besonders an Farngewächse. Obwohl die meisten Pflanzen sehr viel Licht brauchen, leiden sie dann, wenn man sie der direkten Sonneneinstrahlung aussetzt.

Wie wir bei der Beschreibung der Assimilation gesehen haben, kommt dem Licht eine ganz entscheidende, das heißt lebensnotwendige Stellung zu.

Die Lichtmenge wird gemessen nach Lux.

Was bedeutet Lux?

Lux ist eine Maßeinheit für die Beleuchtungsstärke.

Bei einer Lichtmenge von 100 – 200 Lux beginnen die Pflanzen bereits mit der Assimilation. Diese geringen Lichtverhältnisse reichen jedoch nicht aus, um den Assimilationsvorgang voll in Gang zu setzen. Das bedeutet wiederum, daß die Pflanzen von ihrer eigenen Substanz leben. Erst dann, wenn die Lichtmenge zunimmt, nimmt auch die Assimilationsleistung zu, und es kommt zu dem Freiwerden von Sauerstoff, der wiederum als die Lebensgrundlage für uns Menschen und auch für die Tiere anzusehen ist.

Die Lichtansprüche der einzelnen Pflanzenarten sind unterschiedlich. Pflanzen, die mit relativ wenig Licht auskommen, wie z. B. *Aglaonema*, benötigen etwa 1000 Lux. Viele andere Pflanzenarten benötigen jedoch ein Vielfaches davon. Soweit heute bekannt, rechnet man bei einem optimalen Pflanzenwachstum mit Lux-Werten zwischen 10 000 und 20 000. Grundsätzlich wichtig ist, je mehr Licht auf die Pflanzen einwirkt, um so kräftiger und üppiger können sie wachsen.

In der Praxis bedeutet dies, daß alle unsere Zimmerpflanzen während der lichtarmen Monate (November, Dezember, Januar und Februar) so hell wie möglich aufgestellt werden müssen, was soviel bedeutet, daß sie direkt am Fenster stehen sollten.

Die Lichtzufuhr kann während der Wintermonate durch den Einsatz von Pflanzenleuchten noch erheblich verbessert werden. Diese Pflanzenleuchten zeichnen sich dadurch aus, daß sie eine sehr gute Lichtverteilung besitzen und wenig Wärme abgeben.

Gesunde Zimmerluft auch bei den Schulaufgaben.

Gesunde Zimmerluft durch Pflanzen

In dem Maße, wie die Bedeutung der Gesundheitsprobleme durch Luftverunreinigung in geschlossenen Räumen zunimmt, wird die Suche nach einfachen Möglichkeiten zu deren Reduzierung immer wichtiger.

Wie auf so vielen Gebieten unseres täglichen Lebens, können wir auch hier von der Raumfahrtforschung lernen. Für die bemannte Raumfahrt werden langfristige Lösungsmöglichkeiten gesucht, wie die Luftverunreinigung in geschlosse-

nen Räumen vermindert werden kann. In den letzten 15 Jahren fanden biologische Prozesse immer mehr die Aufmerksamkeit der Forschung. Ein Biosystem, das sich ständig selbst erneuert, wird als eine Lösungsmöglichkeit angesehen. Es lag daher auf der Hand, sich der Pflanzen zu bedienen.

Dr. B. C. Wolverton, Wissenschaftler im John C. Stennis Space Center (SSC) der Amerikanischen Weltraumbehörde NASA, leitete in den letzten 20 Jahren Forschungsprojekte über den Nutzen von Pflanzen und Mikroorganismen zur Aufbereitung von Abwässern aus Haushalten und der chemischen Industrie. Sein Hauptaugenmerk galt dabei der Umwandlung von Abwässern in Trinkwasser, der Neutralisierung giftiger Chemikalien in der Trinkwasserversorgung sowie der Entsorgung gefährlicher Endlagerstätten. Daneben arbeitete er an der Wiederaufbereitung verunreinigter Luft in extrem isolierten Räumen, wie z. B. bei intensiv wärmegedämmten Gebäuden. Auf diesem Gebiet hat er zahlreiche Patente angemeldet und eine Reihe von Auszeichnungen erhalten.

Es war seine Idee, den Einsatz von Zimmerpflanzen zur Verbesserung der Luftqualität in modernen Wohn- und Bürohäusern zu untersuchen. Wolverton kümmerte sich um die Photosynthese (Aufbau von Stärke und Zucker in grünen Pflanzen aus Kohlendioxyd und Wasser mit Hilfe der Sonnenlichtenergie). Bei diesem Prozeß, der die Pflanzen am Leben erhält, findet ein ständiger Austausch von gasförmigen Substanzen zwischen den Pflanzenblättern und der sie umgebenden Atmosphäre statt. Die bekanntesten, gasförmigen Substanzen, die zwischen Pflanze und Atemluft ausgetauscht werden, sind Kohlendioxyd, Sauerstoff und Wasserdampf. Im Normalfall geben dann die Pflanzenblätter Wasserdampf und Sauerstoff an die Atmosphäre ab, indem sie Kohlendioxyd aufnehmen. Dieser Prozeß kann als die Lebensgrundlage des Menschen überhaupt angesehen werden.

In bereits abgeschlossenen NASA-Studien konnte nachgewiesen werden, daß Zimmerpflanzen wie Grünlilien und Philodendron die Fähigkeit besitzen, die Konzentration von gefährlichen Stoffen wie Formaldehyd, Benzole und Kohlenmonoxyd deutlich zu senken.

Dem Formaldehyd, das wahrscheinlich die Substanz ist, der in der industrialisierten Welt die meisten Menschen ausgesetzt sind, wurde bei den Untersuchungen das Hauptaugenmerk gewidmet.

Andere Untersuchungen haben ebenfalls ergeben, daß Formaldehyd als Innenraumschadstoff Nr. 1 angesehen werden kann. Formaldehyd wird als Bindemittel in Span-, Sperrholz-, Faserplatten, Leimen und Lacken verwendet. Als Konservierungsstoff in Kosmetika, Papier, Dispersionsfarben und Reinigungsmitteln findet man Formaldehyd genauso wie zur Erzielung des sogenannten Anti-Knitter-Effektes in Textilien. In Deutschland werden jährlich rund eine halbe Million Tonnen Formaldehyd produziert, dies ist annähernd soviel wie in allen anderen Ländern der Europäischen Gemeinschaft zusammengenommen.

Formaldehyd entsteht aber auch bei fast allen Verbrennungsprozessen und ist in Autoabgasen genauso wie im Zigarettenrauch enthalten.

Kommen wir noch einmal zurück auf den Gasaustausch. In entsprechenden Klimakammern ist es Wolverton gelungen, durch Pflanzen gefährliche Substanzen wie Formaldehyd, Benzole und Kohlenmonoxyd in der dort vorhandenen Luft deutlich zu senken.

Wie in den NASA-Studien entdeckt wurde, ist es der Wurzelbereich der Pflanzen, der in erster Linie für die Entgiftung sorgt. Bei *Epipremnum (Scindapsus) aureus* schafften die Blätter lediglich 2 % beim Abbau von Benzol. Die Pflanzenwurzeln bzw. die Bodenzone hingegen waren an dem Abbau mit 65 % beteiligt.

Diese Angaben beziehen sich jedoch nur auf *Scindapsus.* Unterschiedliche Pflanzen haben unterschiedlich stark entwickelte Fähigkeiten bei der Luftschadstoff-Entgiftung von Innenräumen. Entsprechend durchgeführte Versuche haben ergeben, daß Hydrokulturen gleich oder sogar noch besser geeignet sind.

Es existieren also z. Z. genügend Beweise dafür, daß eine wohltuende Wirkung von lebenden, gesunden Pflanzen ausgeht. Es ist ebenfalls eine anerkannte Tatsache, daß neben dem gesundheits-

fördernden Aspekt die gute Auswirkung auf die Psyche vorhanden ist.
Verbessert werden kann die Leistung der Pflanzen durch den Einsatz von Technik. Hierfür wurde der sogenannte

Der »Bio Air Clean Filter« (System von GWL, Köln) saugt die Raumluft an den Blättern und Pflanzenwurzeln vorbei. Schadstoffe aus der Luft werden von Aktivkohle herausgefiltert, Mikroorganismen im Wurzelbereich bauen dann diese schädlichen Substanzen ab. 1 Pflanze, 2 Pflanzerde, 3 Elektromotor, 4 Zeitschaltuhr, 5 Aktivkohle, 6 Ventilator, 7 Behälter für überschüssiges Wasser.

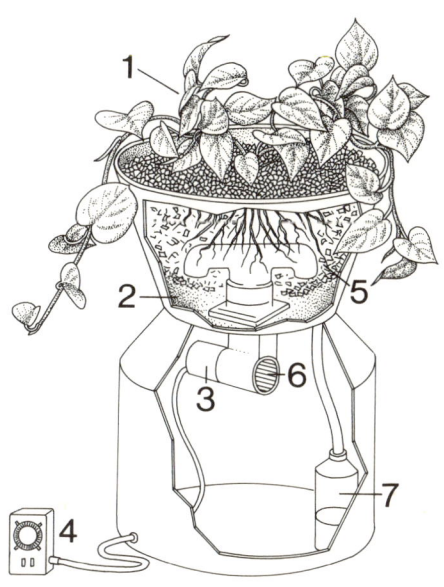

Gesunde Zimmerluft

BIO AIR CLEAN FILTER entwickelt (auch unter dem Namen CLAIR-BIO erhältlich). Dieser Filter dient zur Luftreinigung, zur Luftbefeuchtung und zur Schadstoffentsorgung der Luft. Seine Funktion kann, wie folgt, beschrieben werden: Die verunreinigte Luft wird an einer Pflanze vorbei durch einen speziell entwickelten Filter gesaugt. Dabei werden Rauch, Nikotin, Gerüche und schädliche Chemikalien wie Formaldehyd, Benzol u. a. Luftverschmutzer herausgefiltert. Die saubere Luft tritt am Boden durch die Lamellen wieder aus. Dieses System ist sowohl für Hydropflanzen als auch für Pflanzen in Erdkultur geeignet, und außerdem für alle Pflanzenarten. In Verbindung mit den Mikroorganismen, die das Wurzelsystem der Pflanze umgeben, werden die Schadstoffe aufgebrochen, die in dem Filtersubstrat gebunden werden. Die Pflanzenwurzeln absorbieren die aufgebrochenen Schadstoffe und verwenden sie teilweise wiederum als Pflanzennahrung, d. h., diese Schadstoffe können, zumindest teilweise, in Biomasse umgewandelt werden.

Dr. Wolverton hat gesunde Pflanzen in Gaskammern eingeschlossen und den Innenraum mit entsprechenden Luftschadstoffen künstlich angereichert. Ein erstaunliches Ergebnis dabei brachte die Pflanze *Aglaonema* (Kolbenfaden). Dieselben Pflanzen wurden für die Versuche mehrfach benutzt. Dabei konnte festgestellt werden, daß nach wiederholtem Aussetzen die Abbauleistung an Benzol gesteigert werden konnte. Das heißt also, daß die Pflanzen im Laufe der Zeit ihre Fähigkeit, Giftstoffe abzubauen, verbessern können.

Obwohl die genauen Ursachen, die der Verringerung von Innenraumluftverschmutzung durch Pflanzen zugrunde liegen, noch nicht eindeutig identifiziert worden sind, kann doch aus den Meßdaten von Wolverton geschlossen werden, daß das gesamte System »Pflanze« (Blätter, Pflanzsubstrat und Wurzel) daran beteiligt ist.

Die Daten zeigen außerdem eindeutig, daß die verschiedenen Pflanzen unterschiedlich stark entwickelte Fähigkeiten besitzen, die Innenräume zu entgiften.

Das oben geschilderte System BIO AIR CLEAN FILTER erneuert sich ständig selbst und bleibt immer aktiv. Filter müssen also nicht ausgewechselt und auch nicht gereinigt werden. Das wichtigste für das Funktionieren des Systems ist, daß die Pflanzen sich bestens entwickeln können. Es müssen also alle Punkte berücksichtigt werden, die zu einem besseren Wachstum der Pflanzen beitragen können. Kränkelnde oder aber gar kranke Pflanzen können die Leistung nicht erbringen.

Welche Veränderungen finden nun statt, wenn in Räumen Pflanzen aufgestellt werden?

Ist die Luft im Innenraum trocken, verdunsten die Pflanzen entsprechend mehr Wasser und erhöhen damit die relative Luftfeuchtigkeit. In diesem Zusammenhang ist es auch interessant, daß Pflanzen mit ihren großen Blattoberflächen bis zu zehnmal mehr Wasser verdunsten können als eine stehende Wasserfläche.

Fazit: Je mehr Pflanzen in einem Raum bei niedriger Luftfeuchtigkeit aufgestellt werden, um so mehr verdunsten diese Pflanzen Feuchtigkeit und erhöhen dabei die relative Luftfeuchtigkeit im Raum.

Ganz nebenbei entstehen in den Räumen, in denen sich die Pflanzen befinden, nicht die Luftbewegungen, wie sie vorher beschrieben worden sind, und es kommt daher auch nicht zu einer Staubaufwirbelung.

Andererseits dagegen entsteht eine gewisse Verdunstungskühle, die ebenfalls zu einer Luftbewegung führt, die dann wiederum den nötigen Luftaustausch entsprechend fördert.

Regelmäßiges und gründliches Lüften ist der schnellste und effektivste Weg, die Luft in Räumen zu verbessern.

Frischluft besteht zu 21% Prozent aus Sauerstoff, zu ca. 79% Prozent aus Stickstoff und zu ca. 0,03% aus Kohlendioxyd.

Veränderungen durch Pflanzen

In bewohnten Räumen wird durch die Atmung des Menschen Sauerstoff verbraucht und Kohlendioxyd erzeugt.

Zusätzlich entstehen Essensgerüche, Körperdünste, Schweiß und Tabakrauch. Dies alles macht es erforderlich, daß die Wohnungen regelmäßig und sinnvoll gelüftet werden.

Pflanzen im Innenraum erneuern auch die an ihr vorbeistreichende Luft (durch die Photosynthese entsteht Sauerstoff). Staub- und andere Schmutzpartikel werden durch die Pflanzen aus der Luft gefiltert oder aber an der Oberfläche von Blättern und Zweigen abgelagert. Die Pflanzen geben einen angenehmen Geruch ab und vermindern auf diese Weise auch die Geruchsbelästigung.

Oftmals sind die Erscheinungen einer Gesundheitsbeeinträchtigung durch Chemikalien unspezifisch, wie z. B. Kopfschmerzen, Müdigkeit oder auch allgemeines Unwohlsein.

Alle diese Indizien bieten für diejenigen, die eine entsprechende Untersuchung der Raumluft durchführen sollen, wenig konkrete Anhaltspunkte.

Luftfilter und Luftreiniger

Zur Lösung des Problems der Innenraumverschmutzung werden mit oft relativ wenig Erfolg sogenannte Luftfilter/Luftreiniger angeboten.

Man kennt zur Zeit drei Haupttypen:
1. mechanische Filter
2. elektronische Filter
3. Ionen-Generatoren

Die Entwicklung auf diesem Sektor geht relativ schnell, so daß jetzt auch schon sogenannte kombinierte Modelle angeboten werden.

Werden elektronische Luftreiniger nicht ordnungsgemäß installiert bzw. gewartet, können diese u. U. Ozon erzeugen. Ozon reizt die Lungen und kann dann wiederum als ein Innenraumluftverschmutzer angesehen werden.

Der Einsatz von Aktivkohle ist in der Regel das beste Mittel zur Entfernung von Innenraumschadstoffen. Dies insbesondere deshalb, weil es die Luftschadstoffe sogar in feuchtem Milieu bindet.

Normalerweise vernichten Bindemittel wie Aktivkohle die giftigen Stoffe nicht. Sie werden nur gesammelt, und dies nur so lange, bis die Oberfläche des Filters gesättigt ist. Erreichen die Filter ihren Sättigungszustand, können sie keine weiteren Stoffe aufnehmen. Die verbrauchten Filter wiederum müssen so entsorgt werden, daß keine weiteren Schäden entstehen können. Sie sind Sondermüll.

Untersuchungen bereiten Schwierigkeiten

Will man nun seine Wohnräume auf verschiedene chemische Substanzen untersuchen lassen, so entstehen dabei große, oft unüberwindliche Schwierigkeiten.

Da man damit rechnen muß, daß in einem Raum gleichzeitig mehrere Stoffe vorhanden sind, müßte zunächst einmal festgestellt werden, auf welchen Stoff überhaupt untersucht werden soll. Unter Umständen sind also mehrere Untersuchungen erforderlich, bis man den eigentlichen Übeltäter gefunden hat.

Will man Raumluftanalysen durchführen, kann es zu großen Problemen führen, wenn man wissen will, wo die Ursachen für die Entstehung der Fremdstoffe liegen.

Bei der Auswahl der Untersuchungsverfahren sollte darauf Wert gelegt werden, daß nur solche Verfahren ausgewählt werden, die auch, falls dies dann erforderlich wird, vor Gericht anerkannt werden.

Diese und andere Schwierigkeiten, die bei den Untersuchungen auftreten können, führen zwangsläufig dazu, daß die Kosten für derartige Untersuchungen sehr hoch werden können. Eine Probe, die auf Dioxine untersucht werden soll, kostet beispielsweise zur Zeit (1992) etwa DM 3.000,–.

Im Bezugsquellenverzeichnis ab Seite 69 finden Sie verschiedene Adressen – auch von Beratungsstellen –, die Ihnen weiterhelfen können.

Das allergrößte Problem ist jedoch, wie bereits erwähnt, daß moderne Materialien heute eine Vielzahl von Einzelbestandteilen enthalten können, deren genaue Zusammensetzung manchmal noch nicht einmal dem Hersteller des Endproduktes bekannt ist. Es kann auch sein, daß die Angaben zwar vorhanden sind, daß sie aber unter dem Schutz eines Produktgeheimnisses nicht verraten werden können oder dürfen.

Welche Stoffe bereiten in unseren Wohnungen Probleme?

Während Formaldehyd den Hauptschadstoff darstellt, gibt es noch eine Reihe von anderen chemischen Substanzen, die nicht gerade das Wohlbefinden des Menschen fördern. Die nachfolgende Liste liest sich wie ein Hexeneinmaleins.

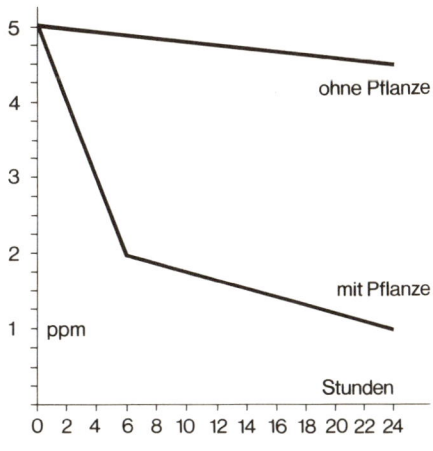

Formaldehydabbau mit und ohne Pflanze (Quelle NASA).

29

Veränderungen durch Pflanzen

Organische Verbindungen, die in Innenräumen häufig angetroffen werden.

Aceton
Benzol*
Toluol
Xylol
Styrol*
Ethylbenzol
Ethylmethylbenzol
Trimethylbenzol
Tetrachlorethylen* (PER)
Naphthalen
Methylnaphthaline

Dimethylnaphthaline
Trichlorethylen
Dichlorbenzole*
Decanal
Nonanal
Trichlortrifluormethan
Methylenchlorid*
Chloroform
Essigsäure
Formaldehyd*

* = diese Substanz besitzt erbgutverändernde oder krebserregende
Eigenschaften.
Quelle: Dr. H. Krieg, Vortrag 2. 5. 1990.

Welche Pflanzen sind zur Entgiftung geeignet?

Wir können über 350 verschiedene Pflanzenarten im Zimmer halten. Von diesen 350 verschiedenen Arten sind bis heute leider lediglich 19 entsprechend untersucht. Es ist allerdings anzunehmen, daß eine Vielzahl von Zimmerpflanzen die Luft entgiften können. Mit dem BIO AIR CLEAN FILTER (siehe Seite 25) können alle Pflanzenarten die Luft filtern. Generell sind schnell wachsende Pflanzen geeigneter als langsam wachsende und kleinbleibende Pflanzen.

Zimmerpflanzen können die Raumluft entgiften. Formaldehyd (1) beispielsweise kann von der Pflanze aufgenommen und abgebaut werden, somit verringert sich die Konzentration im Zimmer. Sauerstoff und Wasser (2) werden abgegeben.

Der Schadstoff Formaldehyd wird besonders gut abgebaut von

Pflanzenname	Abbau in %
Aloë barbadensis (Echte Aloe)	90
Chlorophytum elatum (Grünlilie)	86
Philodendron selloum (Baumfreund)	76
Dracaena fragrans 'Massangeana' (Drachenbaum)	70
Epipremnum (Scindapsus) aureus (Efeutute)	67
Syngonium podophyllum (Purpurtute)	67
Chrysanthemum morifolium (Chrysantheme)	61
Gerbera jamesonii (Gerbera)	50
Dracaena deremensis 'Warneckii' (Drachenbaum)	50
Topferde Kontrolle	33

——— Welche Pflanzen entgiften? ———

Die Versuchsergebnisse über den Benzol-Abbau sind wie folgt

Pflanzenname	Abbau in %
Hedera helix (Efeu)	90
Spatiphyllum (Einblatt)	80
Dracaena marginata (Drachenbaum)	79
Dracaena deremensis 'Janet Craig' (Drachenbaum)	78
Epipremnum (Scindapsus) aureus (Efeutute)	73
Dracaena deremensis 'Warneckii' (Drachenbaum)	70
Sansevieria trifasciata (Bogenhanf)	53
Aglaonema modestum (Kolbenfaden)	48
Topferde Kontrolle	20

Den Abbau von Trichloräthylen gibt die nachfolgende Tabelle wieder

Pflanzenname	Abbau in %
Spatiphyllum (Einblatt)	23
Dracaena deremensis 'Warneckii' (Drachenbaum)	20
Dracaena deremensis 'Janet Craig' (Drachenbaum)	18
Dracaena marginata (Drachenbaum)	13
Sansevieria trifasciata (Bogenhanf)	13
Hedera helix (Efeu)	11
Topferde Kontrolle	9

Der Abbau von Kohlendioxyd kann der nachfolgenden Tabelle entnommen werden

Pflanzenname	Abbau in %
Chlorophytum elatum (Grünlilie)	>96
Epipremnum (Scindapsus) aureus (Efeutute)	75
Topferde Kontrolle	14

Quellen der vier vorstehenden Tabellen: 1. Report von Dr. B. C. Wolverton, Umweltwissenschaftler der NASA-Weltraumbehörde USA: Luftaufbereitung durch Pflanzen. 2. Dr. B. C. Wolverton, Vortrag 2. 5. 1990. 3. impulse: 19 Pflanzen, die alles Gift aus der Büroluft filtern. 9/91, Seiten 210–214 von Andrea Strunz.

Welche Pflanzen entgiften?

Diese Zahlen belegen:
»Pflanzen sind eine billige und wirksame Waffe im Kampf gegen die Luftverschmutzung.«

Man darf nun natürlich nicht den Fehler machen und annehmen, daß zur Reinigung der Innenraumluft Pflanzen alleine ausreichen würden. Dem Lüften kommt da doch noch eine wesentliche Bedeutung zu.

Man kann im allgemeinen davon ausgehen, daß die Luft in unseren Innenräumen schlechter ist als die Außenluft. Dies setzt natürlich voraus, daß in der Außenluft nicht gerade kurzfristig hohe Belastungen auftreten, wie dies während der Hauptverkehrszeiten an einer stark befahrenen Straße möglich ist.

Kräftiges Lüften ist normalerweise der schnellste Weg, Schadstoffkonzentrationen in der Wohnung zu verringern. Wenn dann noch zusätzlich geeignete Pflanzen im Zimmer sind, trägt dies sicherlich zum allgemeinen Wohlbefin-

Beim Rauchen von Zigaretten, Zigarren und Pfeife entsteht Formaldehyd neben vielen anderen schädlichen Substanzen.

den der Bewohner bei. Nachfolgend werden die Pflanzenarten näher beschrieben, die sich in den Experimenten von Wolverton besonders bewährt haben.

Zimmerpflanzenbrevier

Aglaonema modestum
Kolbenfaden
Familie: Araceae (Aronstabgewächse)
Herkunft: Südostasien.
Standort: Der Kolbenfaden sollte einen halbschattigen oder auch einen schattigen Standort haben. Er liebt hohe Luftfeuchtigkeit; werden daher die Blätter gelegentlich mit Wasser besprüht, wachsen die Pflanzen besonders gut. Die Temperaturen sollten bei 18–25 °C liegen. Wichtig ist es zu wissen, daß die Pflanze keinerlei Zugluft und Kälte verträgt.

Die Grünlilie sollte man im Sommer reichlich, im Winter je nach Standort mehr oder weniger gießen.

Pflege: Die Wurzeln reagieren sehr empfindlich auf Verdichtungen, die durch zu häufiges Gießen verursacht werden können. Beim Umtopfen ist darauf zu achten, daß ein lockeres, kalkhaltiges Substrat verwendet wird.

Aloë barbadensis
Echte Aloe
Foto Seite 55
Familie: Liliaceae (Liliengewächse)
Herkunft: Afrika.
Standort: Die Pflanze liebt sonnige Standorte und im Sommer einen geschützten Platz im Freien.
Pflege: Im Sommer nicht zuviel gießen. Die Pflanze wird kühl und hell überwintert. Durchlässige Erde ist erwünscht.

Chlorophytum elatum (= capense, = comosum)
Grünlilie
Familie: Liliaceae (Liliengewächse)
Herkunft: Südafrika.
Die Grünlilie ist eine der bekanntesten und auch weitverbreitetsten Zimmerpflanzen. Besonders gut ist sie als Ampelpflanze geeignet.

Oben rechts: Gerbera-Jamesonii-Hybride (siehe S. 40)
Oben links: Baumfreund, Philodendron selloum (siehe S. 41)
Unten: Efeu, Hedera helix (siehe S. 41)

Standort: Sie gedeiht am besten an einem hellen Standort. Vor direkter Sonneneinstrahlung muß die Pflanze jedoch geschützt werden. Von der Temperatur her ist sie sehr anspruchslos; sie liebt Temperaturen zwischen 8 und 22 °C. Steht die Pflanze in einem Zimmer mit zu trockener Luft, werden die Blattspitzen braun.
Pflege: Die Pflanze sollte jährlich in ein lehmiges, nährstoffreiches Substrat umgetopft werden. Gedüngt wird von März bis September.

Chrysanthemum morifolium
Chrysantheme
Familie: Compositae (Korbblütler)
Herkunft: China, Japan.
Die Chrysantheme wird als blühende Topfpflanze angeboten. Man findet sie meistens im Spätherbst im Fachhandel. Die Pflanze ist unempfindlich gegenüber Kälte und eignet sich daher auch besonders gut als Balkon- und Beetpflanze für den Herbst.
Interessant ist, daß die Chysanthemen

Seite 36:
Drachenbaum, *Dracaena marginata* (S. 40)

Seite 37:
Einblatt, *Spathiphyllum* (siehe S. 42)

Seite 38:
Bei dem neuen System (Vertrieb durch die GWL, Köln) ist es gleich, welche Pflanze Sie pflegen. Sie sind alle in der Lage, die Luft zu reinigen.

zu den Kurztagespflanzen gezählt werden. Sie blühen immer nur dann, wenn die Tage kürzer als die Nächte sind.
Standort: Chrysanthemen, in der Wohnung aufgestellt, gedeihen nur dort, wo die Zimmertemperaturen niedrig liegen.
Pflege: Da sich eine Weiterkultur nach dem Abblühen nicht lohnt, sind besondere Pflegehinweise praktisch nicht notwendig.

Dracaena fragrans
'Massangeana'
Drachenbaum, Drazäne
Foto Seite 56
Familie: Agavaceae (Agavengewächse)
Herkunft: Tropen.
Von dem Drachenbaum werden Stammstücke, die verschieden lang sein können, aus den Tropen eingeführt.
Standort: Die Pflanze wächst am besten an hellen bis halbschattigen Standorten bei Temperaturen von 15–22 °C. Wird sie ausreichend mit Wasser versorgt, ist sie gegen Lufttrockenheit unempfindlich.
Pflege: Von Zeit zu Zeit sollten die Blätter abgewaschen werden; dadurch wird die Luftfeuchtigkeit erhöht und gleichzeitig der Staub entfernt, der sich auf den Blättern abgesetzt hat. Die Pflanze gedeiht am besten in einer kräftigen und nahrhaften Erde, die jedoch wasserdurchlässig sein muß; auf Verdichtungen im Wurzelbereich reagiert der Drachenbaum nämlich empfindlich. Er

Braune Blattspitzen beim Drachenbaum können durch Besprühen der Blätter verhindert werden.

ist sehr widerstandsfähig gegen Schädlinge.

Weitere untersuchte Dracaena-Arten sind:
Dracaena deremensis 'Warneckii' (Foto Seite 55)
Dracaena marginata (Foto Seite 36)

Epipremnum (Scindapsus) aureus
Efeutute
Foto Seite 55
Familie: Araceae (Aronstabgewächse)
Herkunft: Südostasien.
Die Efeutute ist eine typische Schlingpflanze. In ihrer Heimat, den Salomon-Inseln in der Südsee, wächst sie als Liane an den Bäumen empor.
Standort: Die Efeutute ist ideal für ge-

heizte Zimmer. Sie gedeiht am besten bei Temperaturen zwischen 18 und 22 °C, im Winter bei kühleren Temperaturen. Als Pflanze des Urwaldes stellt sie keine hohen Ansprüche an die Lichtverhältnisse.
Pflege: Dankbar ist die Pflanze, wenn man die Blätter regelmäßig mit Wasser besprüht. Im Sommer wird reichlich gegossen, wobei jedoch Staunässe im Wurzelbereich vermieden werden muß; bei Staunässe faulen die Wurzeln. Im Winter bei kühleren Temperaturen müssen die Wassergaben reduziert werden. Hin und wieder sollte die Pflanze in normale Blumenerde umgetopft werden. Die Düngung erfolgt von März bis August.

Gerbera jamesonii
Gerbera
Fotos Seite 17 und 35
Familie: Compositae (Korbblütler)
Herkunft: Transvaal.
Gerbera sind in erster Linie als Schnittblumen bekannt. In letzter Zeit werden jedoch auch Sorten angeboten, die sehr gut im Topf gedeihen.
Standort: Gerbera lieben einen hellen Standort und stellen an die Zimmertemperatur keine besonders hohen Ansprüche.
Pflege: Gerbera müssen vorsichtig gegossen werden. Sie reagieren ganz extrem auf Verdichtungen im Wurzelbereich. Die Wurzeln faulen, und die Pflanzen sterben ab.
Gerbera werden sehr gerne von Blattläusen, Spinnmilben, der Weißen Fliege

und von Thripsen befallen. Prinzipiell können alle diese Schädlinge auf biologische Weise bekämpft werden, und zwar die Blattläuse mit der Räuberischen Gallmücke, Spinnmilben und Thripse mit Raubmilben, die Weiße Fliege mit Schlupfwesen. Die Nützlinge sind im Gartenfachhandel erhältlich bzw. können dort bestellt werden.

Hedera helix
Efeu
Foto Seite 35
Familie: Araliaceae (Araliengewächse)
Herkunft: Europa und Asien.
Efeu ist als Ampelpflanze im Zimmer besonders beliebt.
Standort: Die Pflanze ist ziemlich anspruchslos. Am besten gedeiht sie jedoch an einem luftigen Standort (Fensternähe). Im Winter braucht der Efeu kühle Temperaturen; wenn der Raum nachts kühl gehalten wird, verträgt er während der Wintermonate auch eine Zimmertemperatur von 25 °C.
Pflege: Im Winter darf er nur wenig gegossen werden. Beim Umtopfen ist darauf zu achten, daß ein wasserdurchlässiges Substrat verwendet wird. Die Wurzeln reagieren sehr empfindlich und sterben innerhalb kürzester Zeit ab, wenn die Pflanze über einen längeren Zeitraum naß gehalten wird. Der Efeu wird in den Monaten Mai bis September gedüngt.
Gelegentlich können beim Efeu Spinnmilben und auch Blattläuse schädigen; diese lassen sich jedoch biologisch bekämpfen. Wenn Schildlausbefall auf-

tritt, müssen die befallenen Triebe ausgeschnitten und der Rest der Pflanze mit einem Paraffinöl behandelt werden.

Philodendron selloum
Baumfreund
Foto Seite 35
Familie: Araceae (Aronstabgewächse)
Herkunft: Brasilien.
Standort: *Philodendron* bevorzugt helle bis halbschattige Plätze, Temperaturen um 20 °C sind optimal, kälter als 16 °C sollte es nicht werden.
Pflege: Diese anspruchslose Art muß im Sommer reichlich gegossen werden. Es können dann auch häufiger die Blätter besprüht werden. Umgetopft wird im Frühling nach Bedarf. Die Pflanze wird gerne von Schildläusen heimgesucht.

Sansevieria trifasciata
Bogenhanf, Sansevierie
Foto Seite 18
Familie: Agavaceae (Agavengewächse)
Herkunft: Tropisches Afrika.
Der Bogenhanf ist als regelrechter »Zimmerheld« bekannt. Selbst unter ungünstigsten Bedingungen stirbt die Pflanze nicht ab.
Standort: Ein heller Standort sollte bevorzugt werden. Bei Temperaturen von 15 – 22 °C entwickelt sich die Pflanze optimal. Wenn die Temperatur unter 10 °C absinkt, muß die Sansevierie absolut trocken gehalten werden.
Pflege: Die Pflanze verträgt Trockenheit sehr gut. In die Blattrosette darf nicht gegossen werden! Zu reichliches Gie-

ßen kann zu einer Stammfäule führen. Beim Umtopfen wird eine nährstoffreiche Erde verwendet. Gedüngt wird von Februar bis Oktober.

Spatiphyllum
Einblatt
Foto Seite 37
<u>Familie:</u> Araceae (Aronstabgewächse)
<u>Herkunft:</u> Feucht-warme Regionen des tropischen Regenwaldes Mittel- und Südamerikas.
<u>Standort:</u> Er sollte schattig bis halbschattig sein; direkte Sonne ist zu ver-

meiden. Wegen ihrer Herkunft liebt die Pflanze besonders hohe Luftfeuchtigkeit und Wärme; auch im Winter darf die Temperatur im Zimmer nicht unter 18°C absinken, wenn die Pflanze gut wachsen soll.
<u>Pflege:</u> Das Einblatt nicht zu naß halten, da die Wurzeln sonst innerhalb kürzester Zeit abfaulen. Beim Umtopfen ist

Ist ein Zimmer voller Pflanzen nicht ein herrlicher Spielplatz? Es dürfen natürlich keine giftigen Zimmerpflanzen aufgestellt werden.

42

darauf zu achten, daß eine humose Erde verwendet wird, der man eine geringe Menge Holzkohle beifügen kann; somit läßt sich Fäulnis der Wurzeln verhindern.

Syngonium
Purpurtute

Familie: Araceae (Aronstabgewächse)
Auch die Purpurtute ist eine ideale Zimmerpflanze, die noch sehr gut in zentralgeheizten Räumen mit trockener Luft wächst. Genauso wie die Efeutute (siehe S. 40) bildet die Purpurtute lianenartige Triebe; verwendet man Moosstäbe, können sich die Triebe sehr gut daran hochranken.
Standort: Sie liebt einen hellen, jedoch nicht sonnigen Standort. Bei Temperaturen zwischen 18 und 25 °C wächst die Pflanze hervorragend.
Pflege: Beim Gießen ist besondere Vorsicht geboten; die Pflanze reagiert nämlich empfindlich auf Staunässe im Wurzelbereich.

Es wurden hier nur Kurzbeschreibungen von den Zimmerpflanzen gegeben, die bezüglich der Entgiftung der Innenraumluft untersucht worden sind.
Sicherlich sind von der Vielzahl der Pflanzen, die im Zimmer gehalten werden können, bis jetzt nur wenige daraufhin untersucht worden, inwieweit sie zur Entgiftung der Innenraumluft geeignet sind. Werden diese Untersuchungen fortgeführt, wird sicherlich auch die Liste der Pflanzen, die besonders geeignet sind, noch erweitert werden können.

Folgende Zimmerpflanzen sind sehr beliebt! Ihre Eignung zur Entgiftung von Innenräumen ist bis heute nicht untersucht.

Anthurium
Flamingoblume, Anthurie

Familie: Araceae (Aronstabgewächse)
Herkunft: Tropische Regenwälder Mittel- und Südamerikas.
Standort: Die Flamingoblume benötigt eine hohe Luftfeuchtigkeit, einen hellen, aber nicht sonnigen Standort und Wärme; die Temperaturen sollten zwischen 15 und 25 °C liegen.
Pflege: Da die Wurzeln empfindlich auf Staunässe reagieren, muß überschüssiges Gießwasser entfernt werden. Das Gießwasser enthärten, da die Pflanze keinen hohen Kalkgehalt im Boden verträgt. Gelegentliches Einsprühen der Blätter mit Wasser fördert die Entwicklung der Pflanze. Beim Umtopfen ist darauf zu achten, daß möglichst grobfaseriger Weißtorf verwendet wird. Nimmt man normale Blumenerde, sollte man zur Auflockerung Styromullflocken untermischen.

Calathea
Korbmarante

Familie: Marantaceae (Marantagewächse)
Herkunft: Tropisches Amerika.
Standort: Die Korbmarante reagiert sehr negativ auf Lufttrockenheit und direkte Sonnenbestrahlung. Am besten gedeiht diese etwas anspruchsvolle

Pflanze in einem geschlossenen Blumenfenster, wo hohe Luftfeuchtigkeit vorherrscht und sie vor Zugluft geschützt ist.

Pflege: Die Korbmarante verträgt keine Ballentrockenheit, die Erde ist stets feucht zu halten. Beim Umtopfen verwendet man torfhaltige Erde wie für Azaleen.

Codiaeum
Kroton, Wunderstrauch
Familie: Euphorbiaceae (Wolfsmilchgewächse)
Herkunft: Indien, Malaysia.
Standort: Die Pflanze muß hell stehen, aber vor direkter Sonneneinstrahlung geschützt werden. Bei zu dunklem Standort verblaßt ihre Farbe. Wichtig für den Kroton ist eine Temperatur, die nicht unter 15°C absinken darf.
Pflege: Auf eine gleichmäßige Wasserversorgung durch regelmäßiges Gießen ist zu achten. Da die Wurzeln auf Staunässe empfindlich reagieren, ist dafür zu sorgen, daß das überschüssige Gießwasser entfernt wird.

Cyclamen
Alpenveilchen
Familie: Primulaceae (Primelgewächse)
Herkunft: Griechenland, Syrien.
Alpenveilchen gehören zu den beliebtesten Zimmerpflanzen. Sie leiden allerdings auch am meisten unter der trockenen Luft durch die Zentralheizung im Zimmer.
Standort: Während der Sommermona-

te verliert die Pflanze meist ihr Laub; in dieser Ruhezeit von Mai bis September stellt man sie dann draußen im Garten an einen schattigen Platz. Ab September beginnt das Alpenveilchen wieder mit dem Neuaustrieb; von jetzt an benötigt die Pflanze einen hellen und nicht zu warmen Standort; Temperaturen von 12–20°C sind völlig ausreichend.
Pflege: Mit dem Neuaustrieb im September muß mehr gegossen werden; regelmäßiges und ausreichendes Gießen ist während der Blütezeit notwendig. Wenn über den Untersetzer gegossen wird, kann man verhindern, daß die Knollen faulen.

Dieffenbachia
Dieffenbachie
Familie: Araceae (Aronstabgewächse)
Herkunft: Regenwälder Mittel- und Südamerikas.
Vorsicht! Stengel und Blätter der Pflanze sind giftig! Der Pflanzensaft, der Strychnin enthält, kann zu Ätzungen der Haut und Entzündungen der Schleimhäute führen, wenn er mit der Haut in Kontakt kommt. Für Kindergärten und Zimmer, in denen sich Kinder aufhalten, ist die Dieffenbachie nicht geeignet.
Standort: Die Pflanze benötigt einen hellen Standort. Bei Temperaturen zwischen 18 und 25°C gedeiht sie am besten.
Pflege: Reichlich gießen und während der Sommermonate wöchentlich düngen. Eine Pflanze, die zu groß geworden ist, kann bedenkenlos zurückgeschnit-

Zimmerpflanzenbrevier

ten werden. Durch den Neuaustrieb bekommt die Pflanze wieder eine etwas gedrungene Form.

Ficus benjamina
Birkenfeige
Familie: Moraceae (Maulbeergewächse)
Herkunft: Süd- und Südostasien.
Viel robuster als der Gummibaum ist die Birkenfeige.
Standort: Sie benötigt einen hellen und luftigen Standort. Die Pflanze sollte möglichst an ein und demselben Ort stehenbleiben und auch nicht gedreht werden. Muß ein Standortwechsel stattfinden, sollte man die Pflanze an ihrem neuen Standort wieder so aufstellen, daß das Licht von der gleichen Seite auf die Pflanze einfällt. Bei Temperaturen von 15–20 °C an einem hellen Standort gedeiht die Birkenfeige gut. Größere Pflanzen sind auch mit niedrigeren Temperaturen (zwischen 10 und 15 °C) zufrieden.
Pflege: Vorsicht beim Gießen; die Pflanze braucht eher weniger als zu viel Wasser. Gelbe Blätter sind ein Anzeichen dafür, daß die Pflanzen zuviel gegossen wurden. Häufiges Einsprühen der Blätter mit Wasser fördert das Wohlbefinden der Birkenfeige. Die Birkenfeige muß als Jungpflanze häufiger umgepflanzt werden. Bei größeren Exemplaren reicht es aus, wenn man sie alle zwei bis drei Jahre umpflanzt. Während der Sommermonate wird die Pflanze regelmäßig (am besten wöchentlich) gedüngt.

Howeia
Kentia-Palme
Familie: Palmae (Palmen)
Die Kentia-Palme gehört zu den genügsamen und widerstandsfähigen Zimmerpflanzen.
Standort: Selbst in Treppenaufgängen, Fluren und anderen Standorten mit wenig Licht wächst die Pflanze immer noch; vor praller Sonne sollte sie geschützt werden. Im Sommer verträgt sie Temperaturen bis 28 °C, im Winter kann die Temperatur bis auf 4 °C absinken. Braune Blattspitzen entstehen bei zu trockener Luft und dann, wenn die Pflanze Zugluft bekommt.
Pflege: Der Wurzelballen darf nie austrocknen, jedoch sollte unbedingt Staunässe im Wurzelbereich vermieden werden. Beim Umtopfen sollte man sehr vorsichtig sein, damit man die sehr leicht brechenden Wurzeln nicht allzu sehr beschädigt.

Kalanchoë
Flammendes Käthchen
Familie: Crassulaceae (Dickblattgewächse)
Herkunft: Tropisches Afrika und Asien.
Kalanchoë werden als blühende Topfpflanzen gehandelt.
Standort: Kalanchoë benötigen einen hellen Standort und Temperaturen um 20 °C. Während der Wintermonate reichen Temperaturen zwischen 12 und 15 °C völlig aus.
Pflege: Die Pflanze wird nur sehr wenig gegossen. Nach der Blüte kann sie umgetopft werden.

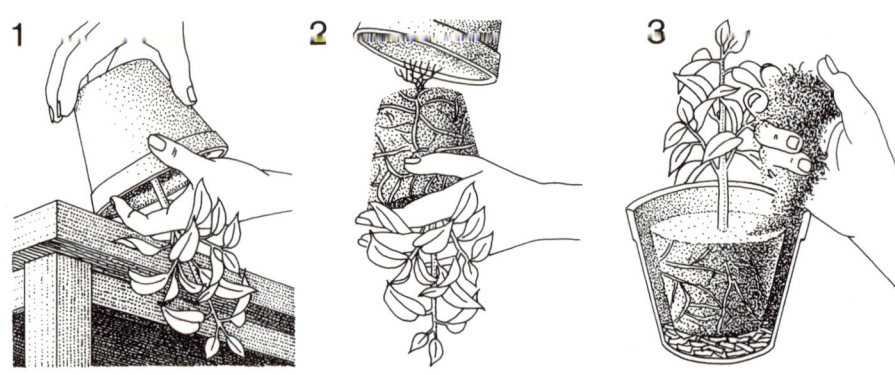

Zum Umtopfen kann ein festsitzender Wurzelballen durch einen kurzen Schlag gegen eine Kante gelöst werden (1). Die Wurzeln sollten beim Austopfen so wenig wie möglich beschädigt werden (2). Im neuen Topf, der in der Regel ein bis zwei Nummern größer gewählt werden sollte, setzt man den Wurzelballen auf eine Drainageschicht und füllt die Leerräume mit Erde aus (3).

Nephrolepis
Schwertfarn
Familie: Polypodiaceae (Tüpfelfarngewächse)
Herkunft: Tropen.
Standort: Farne gehören zu den Pflanzen, die eine direkte Sonneneinstrahlung überhaupt nicht vertragen. Man kann sie auch durchaus an etwas dunkleren Ecken aufstellen. Während sie im Sommer Temperaturen von 15–22 °C sehr gut vertragen, sollten die Temperaturen während der Wintermonate nicht so hoch sein. Am günstigsten ist es, wenn die Wintertemperatur nicht über 16 °C ansteigt.
Pflege: Farne werden allgemein nur sehr wenig gegossen. Werden die Blätter gelegentlich mit Wasser besprüht, fördert dies die Entwicklung der Pflanzen.

Schefflera
Strahlenaralie
Familie: Araliaceae (Araliengewächse)
Herkunft: Australien.
Standort: Die *Schefflera* ist äußerst anspruchslos. Bei gleichmäßigen Temperaturen von 12–20 °C gedeiht sie auch an weniger hellen Standorten ziemlich gut.
Pflege: Ihre Ruhepause macht die *Schefflera* in der Zeit von Oktober bis Februar. In dieser Zeit wird die Pflanze nicht gedüngt und nur sehr sparsam gegossen. Gelegentliches Einsprühen der Blätter mit Wasser fördert die Entwicklung.

Yucca
Yucca, Palmlilie
<u>Familie:</u> Agavaceae (Agavengewächse)
<u>Herkunft:</u> Nord- und Mittelamerika.
Die Yucca gehört zu den ausgesprochen robusten Pflanzen für unsere Wohnungen.
<u>Standort:</u> Auf überhitzte Wohnräume reagiert sie empfindlich. Während der Wintermonate liegen die günstigsten Temperaturen zwischen 10 und 15°C, in den Sommermonaten können sie auf 20°C ansteigen.
<u>Pflege:</u> Im Sommer braucht die Pflanze nicht allzuviel Wasser; in den Wintermonaten wird nur ganz selten gegossen. Staunässe im Wurzelbereich wird von der Yucca absolut nicht vertragen. Werden die Blätter der Pflanze jedoch gelegentlich mit Wasser besprüht, wächst sie besonders gut. Von April bis August sollte wöchentlich gedüngt werden.

Vorschlag für eine Gestaltung eines Büros mit pflegeleichten Pflanzen
(siehe Zeichnung nächste Doppelseite)

① Kolbenfaden (*Aglaonema*), ② Dieffenbachie (*Dieffenbachia*), ③ Zimmeraralie (*Fatsia*), ④ Strahlenaralie (*Schefflera*), ⑤ Efeu (*Hedera helix*), ⑥ Efeutute (*Epipremnum*), ⑦ Palmlilie (*Yucca*), ⑧ Kentia-Palme (*Howeia*), ⑨ Geigenfeige (*Ficus lyrata*), ⑩ Fensterblatt (*Monstera*), ⑪ Klimme (*Cissus*), ⑫ Baumfreund (*Philodendron*), ⑬ Bergpalme (*Chamaedorea*), ⑭ Keulenlilie (*Cordyline*), ⑮ Kroton (*Codiaeum*), ⑯ Drachenbaum (*Dracaena marginata*), ⑰ Einblatt (*Spatiphyllum*), ⑱ Birkenfeige (*Ficus benjamina*), ⑲ Flammendes Käthchen (*Kalanchoë*), ⑳ Dattelpalme (*Phoenix*), ㉑ Zimmerrose (*Rosa*)

Pflanzen in Hydro- oder in Erdkultur?

Ganz allgemein kann gesagt werden, daß Pflanzen in Hydrokultur etwas leichter zu pflegen sind als Zimmerpflanzen, die in Erde stehen. Der luftreinigende Effekt ist jedoch bei beiden Kulturarten gleichermaßen positiv zu beurteilen.

Hydrokultur

Pflanzen, die in Hydrokultur gezogen werden, stellen an denjenigen, der sie pflegt, keine allzu großen Ansprüche. Wir sprechen daher von einem geringeren Pflegeaufwand, und dies dürfte auch der Grund sein, daß die Hydrokultur immer mehr Freunde findet.
Zimmerpflanzen in Hydrokultur stehen zumeist in einem Topf, welcher sich wiederum in einem größeren Gefäß (Übergefäß) befindet. Damit die Pflanzen nicht umkippen, wird das Übergefäß mit dem sogenannten Blähton aufgefüllt. Von den Wurzeln befindet sich nur ein Teil ständig in einer wäßrigen Nährlösung. Aus dieser Nährlösung entnimmt sich die Pflanze alle die Nährstoffe, die sie für ein gutes Wachstum benötigt.

Düngung

Im Handel befinden sich speziell für Hydrokultur entwickelte Volldünger. Ganz und gar ungeeignet sind die meisten Dünger, die für die Pflanzen in Erd-

Heutzutage kann man sehr viele Zimmerpflanzen, wie z. B. das Einblatt, in Hydrokultur halten. Hydrokulturpflanzen entgiften die Luft etwas stärker als Erdkulturpflanzen.

kultur verwendet werden. Der Nährstoffbedarf für Pflanzen in Erdkultur ist nämlich ein anderer als der in Hydrokultur.

Der Hydrokultur-Volldünger wird heute als ein Langzeitdünger angeboten. Gewöhnlich reicht eine Düngung für etwa sechs Monate aus. Es handelt sich dabei um sogenannte Ionenaustauscher, die die im Gießwasser vorhandenen Mineralien aufnehmen und dafür Nährstoffe, die für die Pflanze wichtig sind, abgeben.

Richtiges Gießen

Auch bei der Hydrokultur will das Gießen gelernt sein. Der Wasserstandsanzeiger zeigt auf einen Blick an, ob genügend Wasser vorhanden ist.

Ein sicherer Tod auch für die Hydropflanzen ist, wenn in dem Gefäß ständig ein hoher Wasserstand gehalten wird. Bevor Wasser aufgefüllt wird, muß der Wasserstandsanzeiger auf »Minimum« stehen. Der Stand »Maximum« sollte so gut wie nie erreicht werden. Nur in Fällen, wo das Gefäß längere Zeit sich selbst überlassen wird, ist es gerechtfertigt, bis auf »Maximum« zu gießen.

Steht der Wasserstandsanzeiger ständig auf »Maximum«, entsteht im Wurzelbereich ein Sauerstoffmangel. Die Folge ist, die Wurzeln können nicht mehr atmen. Wurzeln in Atemnot besitzen nicht mehr genügend Energie, um wichtige Nährstoffe aufnehmen zu können. In der Folge faulen die Wurzeln, und es kommt zu einer Anreicherung von organischer, toter Masse im Wasser. Dies wiederum stellt eine Quelle verschiedener bodenbürtiger Krankheiten dar. In solchen Fällen ist es unbedingt erforderlich, daß das Gefäß entsprechend wieder gereinigt wird. Man nimmt dafür die Pflanzen heraus und spült das Gefäß und den Blähton sorgfältig aus.

Dies alles kann sehr leicht dadurch verhindert werden, wenn man beim Gießen stets nur bis zur »Optimum«-Markierung geht. Der Wasserstand muß – wie gesagt – dann auf »Minimum« abfallen, ehe wieder Wasser gegeben wird.

Von dieser allgemeinen Regel gibt es eine wichtige Ausnahme nämlich dann, wenn Papyrus oder andere Pflanzen gezogen werden, deren Wurzeln stets im Wasser stehen müssen. In solchen Fällen wird gleichbleibend immer ein höherer Wasserstand gegeben.

Eine Faustregel, die man sich dabei ebenfalls merken sollte, ist folgende: Je holziger eine Pflanze ist, um so mehr Sauerstoff benötigt das Wurzelwerk. Je mehr Sauerstoff das Wurzelwerk benötigt, desto weniger Wasser sollte gegeben werden. Natürlich muß man dabei stets darauf achten, daß die Pflanzen nicht vertrocknen.

Und während des Urlaubs?

Während der Urlaubszeit, auf »Maximum« gegossen, kann man ein Hydrogefäß etwa drei Wochen sich selbst überlassen.

Hydro- oder Erdkultur?

Umstellung von Erd- auf Hydrokultur

Manchmal wird versucht, Pflanzen, die in Erde herangezogen worden sind, auf Hydrokultur umzustellen. In den meisten Fällen ist dies ein sehr fragliches Unternehmen, was oft nicht gelingt. Je älter die Pflanzen sind, die umgestellt werden sollen, um so problematischer und risikoreicher wird dieses Unterfangen.

Wenn überhaupt, eignen sich nur jüngere Pflanzen. Die Erde muß dabei aus dem Wurzelballen äußerst sorgfältig ausgewaschen werden. Wurzelverletzungen sind dabei unbedingt zu vermeiden. Man verwendet Wasser, das nicht zu kalt sein darf; Temperaturen um 20 – 25 °C sind dafür geeignet. Wenn sich die Erde von den Wurzeln schlecht lösen will, kann man die Wurzelballen für einige Stunden in lauwarmem Wasser einweichen.

Problematisch wird es dann, wenn man die ausgewaschenen Wurzeln in das Hydrogefäß pflanzt und die Hohlräume mit dem Blähton ausfüllt. Auch dabei dürfen die Wurzeln nicht verletzt werden.

Während der ersten Zeit nach der Umstellung darf der Wasserstandsanzeiger lediglich die Markierung »Minimum« erreichen. Etwa zwei bis drei Wochen nach der Prozedur wird dann zum ersten Mal gedüngt.

Pflanzen in Erde: Vorsicht mit den Übertöpfen

Während die Übertöpfe bei der Hydrokultur einen notwendigen Bestandteil darstellen, können Übertöpfe bei Pflanzen, die in Erde stehen, geradezu zur bösen Falle werden. Dies ist besonders dann der Fall, wenn die Übertöpfe relativ klein sind.

Folgende Faustregel sollte man beachten:

Der obere Durchmesser des Übertopfes muß 4 – 5 cm größer sein als der des Topfes, in dem die Pflanze steht. Dies ist erforderlich, damit der Luftaustausch einigermaßen gesichert ist.

Oftmals bleibt beim Gießen mehr oder weniger Wasser im Übertopf stehen. Die Pflanzen baden dann ihre Füße in Wasser. Dies ist jedoch für sie auf Dauer unerträglich. Wenn man also schon Übertöpfe verwendet, muß unbedingt dafür gesorgt werden, daß das überschüssige Wasser regelmäßig und sofort entfernt wird.

Pflanzenschutz

Daß vorbeugen besser ist als heilen, ist eine Binsenweisheit. Gerade bei der Innenraumbegrünung müssen alle nur erdenklichen Maßnahmen getroffen werden, die darauf abzielen, daß ein Befall durch Krankheiten beziehungsweise Schädlinge gar nicht erst auftreten kann.

Pflanzenkrankheiten

Nicht nur Pilze und tierische Schädlinge können die Pflanzen schädigen, sondern auch Nährstoffmangel führt zu Krankheitserscheinungen. Dies kann Mangel an Magnesium (oben links), Eisen (oben Mitte), Kalium (oben rechts), Stickstoff (unten links) oder Phosphor (unten Mitte) sein. Ein gesundes Blatt zeigt die Abbildung unten rechts.

Bei den Pilzkrankheiten sind es in erster Linie die <u>Wurzelerkrankungen</u> (*Pythium* sp.), die durch falsche Pflegemaßnahmen entstehen.
In der Praxis kann immer wieder beobachtet werden, daß das Vorhandensein von *Pythium* durch zu hohe Wassergaben wesentlich gefördert wird. Dies

wurde übrigens auch durch bereits ältere Untersuchungen in Amerika bestätigt.

Der *Pythium*-Befall ist eindeutig von der Wasserhaltekraft des Substrates abhängig. Je feuchter das Substrat ist, desto anfälliger werden die Wurzeln gegen *Pythium*. Dies läßt sich dadurch erklären, daß die Wurzeln für eine gesunde Entwicklung ein ziemliches Sauerstoffbedürfnis haben. In einem zu nassen Substrat befindet sich der Sauerstoff ständig im Minimum. Die Wurzeln werden krank, und *Pythium* findet einen guten Nährboden.

Daraus kann man einwandfrei schließen, daß besonders dann, wenn in Erde kultiviert wird, dafür gesorgt werden muß, daß die Struktur des Substrates so ist, daß möglichst wenig Wasser festgehalten wird. Alle Pflegemaßnahmen für Pflanzen, die in Erde stehen, müssen darauf hinauslaufen, daß diese nicht zu naß gehalten werden.

Andere pilzliche Schaderreger spielen kaum eine Rolle. Gelegentlich kann das Auftreten des Echten Mehltaus zu gewissen Problemen führen. Bei hoher Lichtintensität findet eine enorme Sporenproduktion statt.

Diese Sporen können jedoch nur dann auskeimen und die Pflanzen infizieren, wenn die Blätter gelegentlich feucht gemacht werden. Präparate aus Lecithin-Basis, wie z. B. BioBlatt Mehltaumittel, können im Innenraum relativ leicht nach Gebrauchsanweisung der Hersteller zur Mehltau-Bekämpfung eingesetzt werden.

Tierische Schädlinge

Das Vorkommen von tierischen Schädlingen ist problematischer. Die weitaus wirksamste vorbeugende Bekämpfungsmaßnahme ist die, daß beim Neuerwerb von Pflanzen darauf geachtet wird, daß diese schädlingsfrei sind.

In manchen Fällen ist dies etwas schwierig zu handhaben. Es hat sich dann bewährt, sogenannte Neuzugänge zunächst separat in Quarantäne zu nehmen. Wenn dann nach einer gewissen Zeit festgestellt werden kann, daß keinerlei tierische Schaderreger vorhanden sind, können die Pflanzen in die bereits vorhandene Pflanzengesellschaft eingegliedert werden.

Einige Schädlinge kommen bevorzugt bei relativ niedriger, andere bei relativ hoher Luftfeuchtigkeit vor. So können sich Spinnmilben bei einer relativ niedrigen Luftfeuchtigkeit sehr gut vermehren. Weichhautmilben dagegen lieben eine relativ hohe Luftfeuchtigkeit. Bei den Schild- und Blattläusen, die ebenfalls zu einer großen Gefahr werden können, ist es ziemlich egal, wie hoch oder wie niedrig die Luftfeuchtigkeit ist. Nach meinen Beobachtungen ist es völlig unmöglich, die Ausbreitung von tie-

Oben links: Drachenbaum, *Dracaena deremensis* 'Warneckii' (siehe S. 40)
Oben rechts: Echte Aloe, *Aloë barbadensis* (siehe S. 34)
Unten: Efeutute; *Epipremnum aureus* (siehe Seite 40)

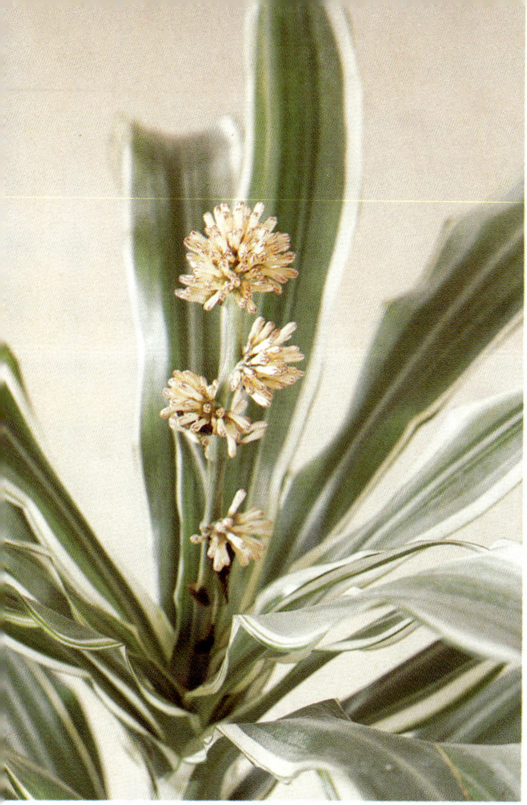
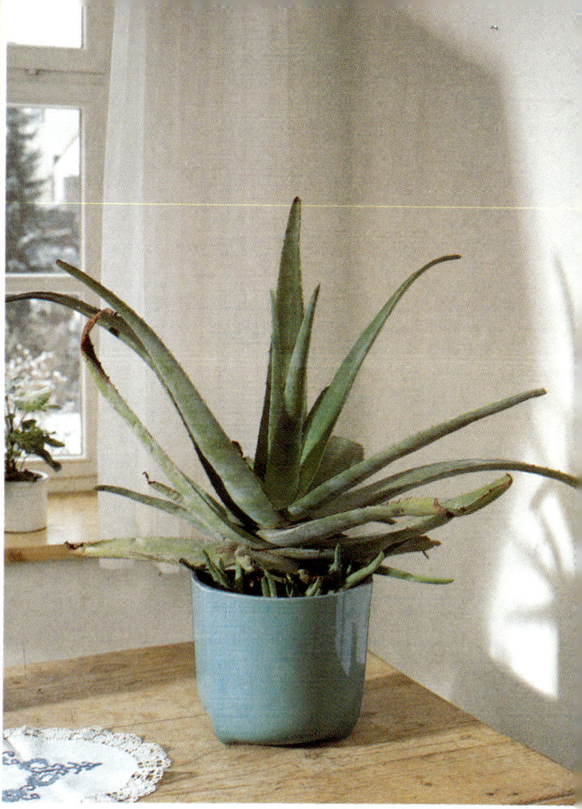
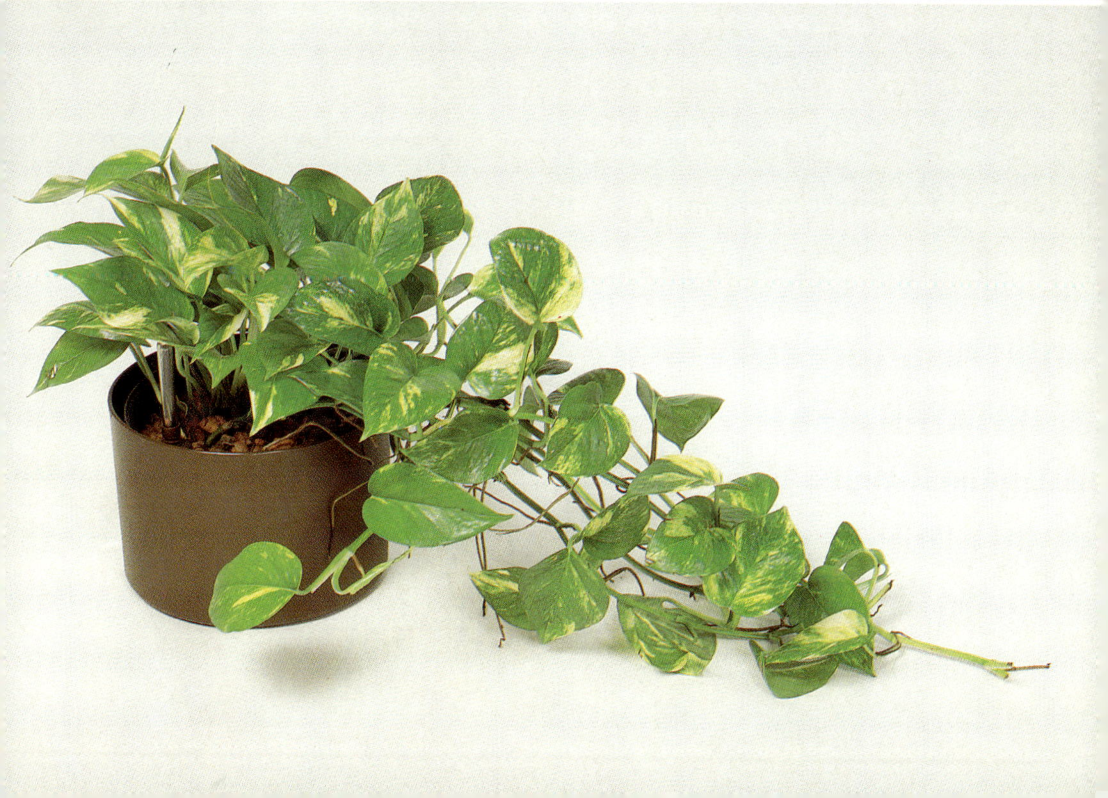

Tierische Schädlinge

rischen Schädlingen durch entsprechende Temperatur- und Luftfeuchtigkeitsbedingungen zu stoppen, wenn der Mensch sich gleichzeitig in dem betreffenden Raum wohl fühlen soll. Die Innenraumbegrünung wird ja im wesentlichen deshalb durchgeführt, um die Klimabedingungen für die Menschen in den Räumen durch die Pflanzen zu verbessern. Es wird also in den meisten Fällen so sein, daß die Temperatur- und Luftfeuchtigkeitsbedingungen so angestrebt werden, daß sie für den Mensch angenehm sind.

Was bleibt daher zu tun? Bei der Neuanlage und bei der Ergänzung ist darauf zu achten, daß nur schädlingsfreie Pflanzen verwendet werden! Werden jedoch Pflanzen, Gestecke oder Sträuße beim Gärtner käuflich erworben, muß man davon ausgehen können – und in der Regel kann man dies auch –, daß diese Ware befallsfrei ist.

Kommt es trotz aller Vorsichtsmaßnahmen zu einem Schädlingsbefall, so ist die Bekämpfung in Innenräumen, die von Menschen bewohnt sind, ziemlich problematisch. Chemische Maßnahmen können kaum zur Anwendung kommen, sieht man einmal vom Einsatz der Präparate, die auf der Basis von Kalisalzen hergestellt sind, ab.

Glücklicherweise bieten sich heute schon eine Reihe von Nützlingen an, mit denen eine Schädlingspopulation wir-

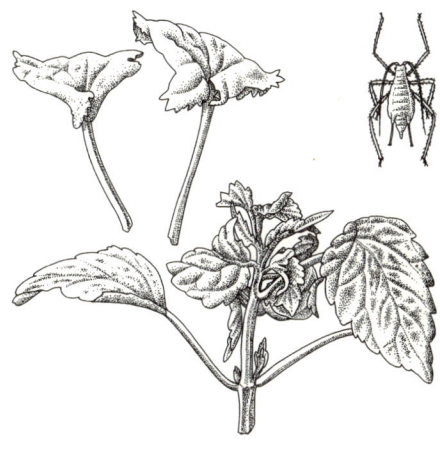

Blattläuse führen zu Triebverkrümmungen.

Schildläuse erkennt man an gelblichen oder braunen Schildchen auf der Pflanze.

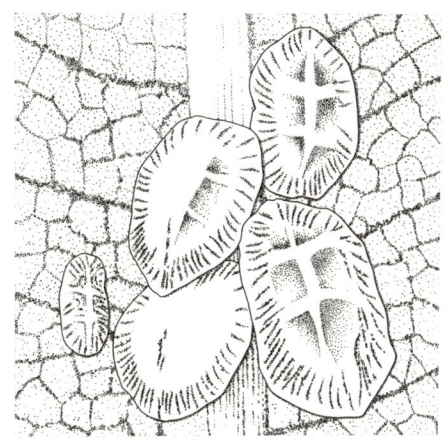

Drachenbaum, *Dracaena fragrans* 'Massangeana' (siehe S. 39)

kungsvoll bekämpft werden kann. Dieser Nützlingseinsatz ist jedoch nur dann erfolgreich, wenn die Nützlinge zu einem Zeitpunkt freigelassen werden, wo der Schädlingsbefall noch nicht überhandgenommen hat.

> Bei käuflichen Pflanzenschutzmitteln und beim Einsatz von Nützlingen müssen unbedingt die Gebrauchsanweisungen genau befolgt werden!

Es ist also von enormer Bedeutung, daß die Pflanzen einer ständigen und sorgfältigen Kontrolle unterliegen. Sobald ein Anfangsbefall festgestellt wird, muß unverzüglich gehandelt werden. Oft reicht es dabei auch aus, die befallenen einzelnen Pflanzen oder Pflanzenteile aus dem Bestand zu entfernen.

Pflanzen in Hydrokultur

Weniger problematisch als die Erdkulturpflanzen sind Pflanzen, die in Hydrokultur wachsen. Zu den anfangs geschilderten *Pythium*-Problemen kommt es hier in den allerseltensten Fällen. Nur dort, wo die Gefäße ständig mit Wasser überversorgt sind, können gelegentlich dieselben Probleme auftreten.

Vorbeugung

❀ Bei der Erdkultur ein Substrat verwenden, das seine Struktur im Laufe der Zeit nicht negativ verändert. Die Pflanzenwurzeln müssen den für sie erforderlichen Sauerstoffbedarf decken können.

❀ Bei tierischen Schaderregern ist ein wachsames Auge erforderlich, das einen beginnenden Befall rechtzeitig erkennt. Sofortige konsequente Maßnahmen müssen dann eingeleitet werden, wenn ein Anfangsbefall festgestellt wird.

❀ Selbstverständlich muß von den Erzeugern der Pflanzen gefordert werden, daß die Pflanzen schädlingsfrei und gesund zum Verkauf in den Gartenfachhandel bzw. Handel kommen.

Pflanzenpflege rund ums Jahr

Unsere Zimmerpflanzen können nur dann Freude bereiten, wenn wir für die entsprechende Pflege sorgen. Schwerpunktmäßig und nach Jahreszeiten geordnet, werden einige Pflegemaßnahmen aufgeführt:

Pflanzenwachstum wird durch das Klima beeinflußt. Temperatur, Lichtverhältnisse, Niederschläge in Form von Regen oder Schnee, Wind und vieles mehr machen das Klima aus.

Januar
❀ Noch herrscht Ruhe. Es wird nicht gedüngt und nur äußerst sparsam gegossen.
❀ Blattpflanzen werden gelegentlich mit Wasser eingesprüht.

Februar
❀ Es gelten immer noch dieselben Bedingungen wie im Januar.

März
❀ Jetzt wird die Ruhezeit der Pflanzen abgebrochen.

59

Pflanzenpflege

❀ Alle Topfpflanzen werden überprüft, ob sie in dem alten Topf verbleiben können oder ob umgepflanzt werden muß.

❀ Beim Umpflanzen wird dafür gesorgt, daß am Topfboden von innen eine kleine Drainage eingebracht wird (alte Topfscherben oder aber größere Kieselsteine). Das erforderliche Substrat kann man entweder selbst mischen oder aber als Fertigerde im Fachgeschäft kaufen. Frisch umgetopfte Pflanzen dürfen erst nach etwa sechs Wochen gedüngt werden.

❀ Im März können auch von den größeren Pflanzen Stecklinge abgenommen werden, die wiederum in einem Torf-/Sand-Gemisch zur Bewurzelung gebracht werden können. Auf diese Weise kann man seinen Pflanzenbestand vermehren und hat auch immer Pflanzen zum verschenken bereit.

❀ Usambaraveilchen werden durch einzelne Blätter, die man mit dem Blattstiel in das oben beschriebene Substrat steckt, vermehrt. Die frisch gesteckten Blätter bzw. Stecklinge werden mit einer Plastikhaube zugedeckt. Dadurch wird die Luftfeuchtigkeit erhöht. Vor direkter Sonneneinstrahlung schützen!

April
❀ Jetzt kann man schon die ersten bewurzelten Stecklinge aus dem Vermehrungsbeet nehmen und in kleine Töpfe pflanzen.

❀ Es ist auch der Zeitpunkt gekommen, wo man Grünpflanzen, die zu groß geworden sind, kräftig zurückschneiden kann.

❀ Einige Pflanzenarten – wie z.B. der Hibiscus – müssen zurückgeschnitten werden, weil diese Pflanze nur am einjährigen Holz blüht.

Mai
❀ Wenn Mitte Mai die Eisheiligen vorbei sind, können einige Zimmerpflanzen in die »Sommerfrische« gebracht werden. Das heißt, die Pflanzen werden mit dem Topf im Garten eingegraben.

❀ Jetzt wird auch gedüngt und, im Gegensatz zu den Wintermonaten, reichlich gegossen.

Juni
❀ Fast alle unsere Zimmerpflanzen müssen vor direkter Sonneneinstrahlung geschützt werden.

Juli
❀ Die Blätter der Pflanzen werden mit Wasser besprüht. Es muß jetzt besonders darauf geachtet werden, daß dieses Wasser bereits vorgewärmt bzw. abgestanden ist.

❀ Die Düngung wird weiter fortgesetzt.

❀ Weiterhin auf Sonnenschutz achten.

August
❀ Jetzt müssen die Pflanzen auf Schädlingsbefall untersucht werden. In den meisten Fällen reicht es völlig aus, wenn man die Schädlinge

mit einem weichen feuchten Schwamm beseitigt.

September
❀ Die meisten Pflanzen beginnen wieder mit ihrer Ruhephase. Die Grün-

Zimmerpflanzen haben unterschiedliche Bedürfnisse an Licht, Temperatur, Luftfeuchte, Wasser usw. Geeignete Maßnahmen erhalten die Pflanzen gesund und tragen dadurch auch zu unserem Wohlbefinden bei.

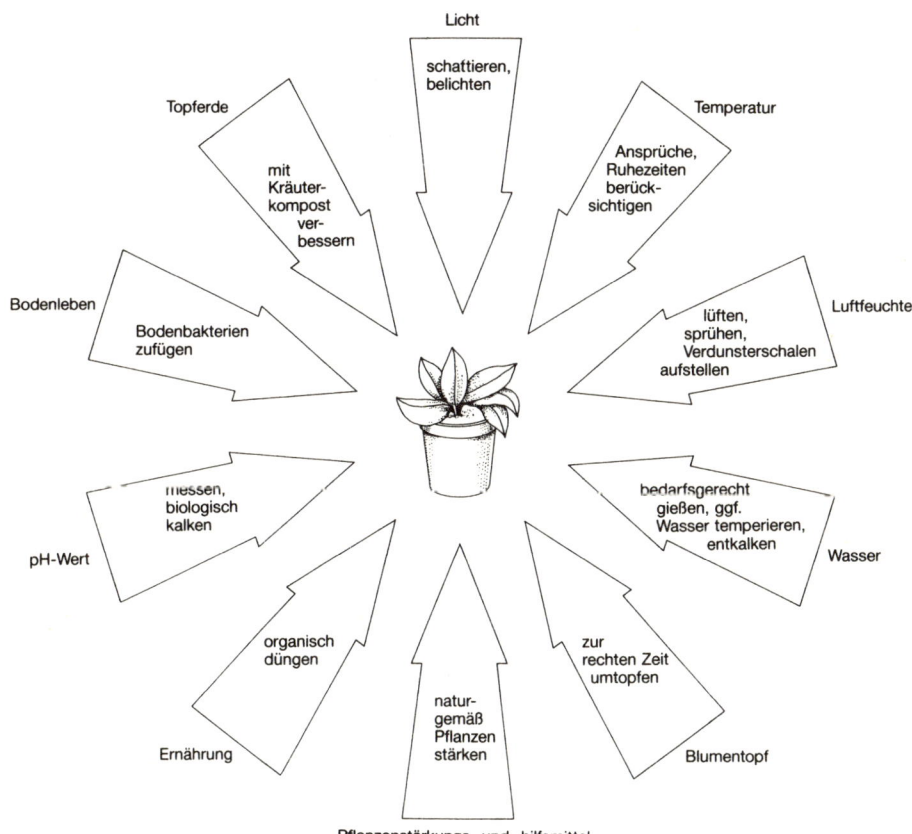

Licht
schattieren, belichten

Topferde
mit Kräuterkompost verbessern

Temperatur
Ansprüche, Ruhezeiten berücksichtigen

Bodenleben
Bodenbakterien zufügen

lüften, sprühen, Verdunsterschalen aufstellen
Luftfeuchte

messen, biologisch kalken
pH-Wert

bedarfsgerecht gießen, ggf. Wasser temperieren, entkalken
Wasser

organisch düngen

zur rechten Zeit umtopfen

Ernährung

naturgemäß Pflanzen stärken

Blumentopf

Pflanzenstärkungs- und -hilfsmittel

Pflanzenpflege

pflanzen werden deshalb jetzt nicht mehr gedüngt.
- ❀ Die »Sommerurlauber« aus dem Garten werden wieder ins Haus gebracht.

Oktober
- ❀ In den nun schon beheizten Zimmern unserer Häuser ist die Luftfeuchtigkeit oft niedrig. Die Pflanzen werden daher öfter mit Wasser übersprüht.
- ❀ Die Pflanzen nur wenig gießen.
- ❀ Gedüngt wird weiterhin nicht.

November
- ❀ Mit Ausnahme der Alpenveilchen und der Azaleen werden die Pflanzen weiterhin nicht gedüngt.

- ❀ Wenn der Weihnachtskaktus und die Kamelie Knospen angesetzt haben, sollte man sie nicht mehr drehen und an ihrem Standort stehenlassen.

Dezember
- ❀ Mit Ausnahme des Alpenveilchens, der Azaleen und des Weihnachtssterns, die ziemlich viel Wasser brauchen, werden alle anderen Pflanzen nur ganz sparsam gegossen.
- ❀ Herrscht draußen Frost, muß vorsichtig gelüftet werden. Sehr schnell können die Pflanzen, die nahe am Fenster stehen, von der kalten Luft beziehungsweise vom Frost geschädigt werden.

Pflanzen können in der Wohnung überall stehen

Pflanzen, Pflanzen überall! Dieses Motto sollte in unseren Wohnungen vorherrschen.

Es wurde bereits darauf hingewiesen, daß es die Pflanzen sind, die die Lebensgrundlage für uns Menschen schaffen. Wir Menschen tun nun gut daran, den Pflanzen jegliche Sorgfalt angedeihen zu lassen, damit ihre für uns lebenserhaltende Wirkung auch voll entfaltet werden kann. Unser Bestreben muß sein, so viele Pflanzen wie möglich in unseren Wohnungen unterzubringen. Aber mit der Unterbringung allein ist es noch nicht getan, wir müssen auch dafür sorgen, daß sie sich bei uns wohl fühlen. Das heißt, daß wir einige Grundvoraussetzungen dafür schaffen müssen, daß Pflanzen überhaupt wachsen können.

Ein wesentlicher Gesichtspunkt dabei ist, daß wir die <u>richtigen</u> Pflanzen an den <u>richtigen</u> Standort stellen.

Man kann die Zimmerpflanzen in zwei große Gruppen einteilen:

❀ Pflanzen, die viel Wärme brauchen und

❀ Pflanzen, die bei höheren Temperaturen nicht gut gedeihen.

Einige wenige Pflanzen können sich sowohl bei wärmeren als auch bei tieferen Temperaturen entwickeln.

Es ist daraus zu ersehen, daß es einige Pflanzen gibt, die nur in geheizten Räumen gedeihen, und daß es wiederum andere Pflanzen gibt, die sich in kühleren Räumen (Schlafzimmer) wohl fühlen.

Die Gerbera sollte vor zu starker Sonneneinstrahlung unbedingt geschützt werden.

63

Temperatur- und Licht-Tabelle

Pflanzenname	Mindesttemperatur in °C			Lichtanspruch in Lux		
	8	12	16	500	800	>1000
Aglaonema, Kolbenfaden			X	X		
Aloë, Aloe		X				X
Anthurium, Flamingoblume			X		X	
Calathea, Korbmarante		X			X	
Chlorophytum, Grünlilie	X			X		
Codiaeum, Kroton			X			X
Cyclamen, Alpenveilchen		X				X
Dieffenbachia, Dieffenbachie			X		X	
Dracaena, Drachenbaum		X		X		
Epipremnum (*Scindapsus*), Efeutute			X	X		
Ficus		X				X
Hedera, Efeu	X			X		
Howeia, Kentia-Palme		X		X		
Kalanchoë, Flammendes Käthchen			X			X
Nephrolepis, Schwertfarn		X				X
Philodendron, Baumfreund			X		X	
Sansevieria, Bogenhanf			X	X		
Schefflera, Strahlenaralie		X		X		
Syngonium, Purpurtute			X	X		
Yucca, Palmlilie			X		X	

Fenster mit durchsichtiger Scheibengardine	Fenster ohne Gardine

Lux-Wert	Entfernung hinter der Scheibe	Lux-Wert
5500	0 m	20000
2200	1 m	2500
1100	2 m	1300
550	3 m	750

Der starke Unterschied auf der Fensterbank ohne Gardine (20000 Lux) gegenüber dem Fenster mit einfacher durchsichtiger Gardine (5500 Lux) ist auffallend. Nur wenig Licht erreicht noch eine Raumtiefe von 3 m.

Pflanzen in der Wohnung
Verwendungsbereiche

Es gibt wohl kaum eine Wohnung, wo man nicht Pflanzen auf das Fensterbrett stellen könnte.

Wichtig für die Gesundheit der Pflanzen ist es, daß man die, die nur wenig Licht vertragen, nicht direkt an ein Südfenster stellt und andersherum Pflanzen, die ein hohes Lichtbedürfnis haben, nicht zur Nordseite hin aufstellt. Prinzipiell kann man immer wieder beobachten, daß die meisten Zimmerpflanzen im Wohnzimmer zu finden sind. Es gibt aber in einer Wohnung noch sehr viele andere Räume, die ebenfalls begrünt werden können.

Pflanzen, die keine allzu hohen Temperaturansprüche stellen, können sehr gut in der Küche ihren Platz finden. Auf dem Flur oder im Treppenhaus können Pflanzen stehen, die auch mit weniger Licht zufrieden sind. Für das Schlafzimmer wiederum sind Pflanzen geeignet, die bei kühleren Temperaturen noch recht gut gedeihen. Aber auch in Badezimmern, vorausgesetzt sie sind genügend hell, fühlen sich Pflanzen wohl; besonders Farne, die die höhere Luftfeuchtigkeit im Raum sehr schätzen. Viele Pflanzen finden ihr Plätzchen in der Wohnung, ohne daß große Umbauten durchgeführt werden müßten.

Ein Blumenfenster allerdings bietet schon wesentlich bessere Voraussetzungen. Zu einem zünftigen Blumenfenster gehören eine oder aber auch mehrere trogartige Ausschachtungen, eine wasserdichte Pflanzwanne und geeignete Beschattungs- bzw. Belüftungsvorrichtungen. Das Ganze kann noch durch den Einbau einer sogenannten Bodenheizung, durch die Installation von einem Luftbefeuchter und zuletzt auch noch durch das Anbringen von Pflanzenleuchten verbessert werden. Dies alles sind hervorragende Grundvoraussetzungen für ein Blumenfenster.

Pflanzen brauchen frische Luft

In verbrauchter und stickiger Luft entwickeln sich Pflanzen nur kümmerlich. Es muß also stets für frische Luft in den Räumen gesorgt werden, wo Pflanzen gut wachsen sollen. Pflanzen gehören auch in Büros, Ladenräume, Schalterhallen, Gaststätten, Hotelhallen, Schulen, Kindergärten und natürlich ins Altenheim. Die Erfahrung lehrt, daß Pflanzen im Altenheim besonders liebevoll von den Bewohnern betreut werden.

Pflanzen brauchen frische Luft

Ein etwas heikleres Thema ist es, inwieweit sie auch in das Krankenhaus gehören. Nach meiner Meinung muß man hier eine differenzierte Betrachtungsweise anstellen. Selbstverständlich haben Pflanzen nichts in Intensivstationen zu suchen. In gemeinsam genutzten Speiseräumen oder Aufenthaltsräumen von Krankenhäusern und Kliniken bringen jedoch die Zimmerpflanzen die vorher beschriebenen günstigen Effekte.

Fazit

Wir können also feststellen: Zimmerpflanzen aller Art verbessern das Wohlbefinden des Menschen in seiner Wohnung.

Auf einen kurzen Nenner gebracht bedeutet dies, unser Wohlbefinden steigt proportional mit der Anzahl der Pflanzen, die wir in unserer Wohnung betreuen.

Natürlich darf in diesem Zusammenhang nicht verschwiegen werden, daß einige Allergien beim Menschen durch Zimmerpflanzen ausgelöst werden können.

Die Topfprimeln (*Primula obconica*) sind dafür schon seit Jahrzehnten bekannt. Es ist daher unbedingt zu empfehlen, daß in den Fällen, wo Allergien auftreten, bei der Erkundung der Ursachen auch die in der Wohnung vorhandenen Pflanzen mit einbezogen werden.

Selbstverständlich müssen die Zimmerpflanzen in einem Krankenzimmer anders beurteilt werden.

Oftmals werden Zimmerpflanzen fälschlicherweise beschuldigt, einen Schimmelpilzbefall mit auszulösen. Geht man jedem einzelnen Fall gezielt nach, zeigt es sich immer wieder, daß die Pflanzen völlig unschuldig sind, weil die Probleme durch ein Zuviel an Wasser, undichte Töpfe und nasse Teppichböden entstanden sind.

Tatsache ist jedoch, daß es für den Menschen unmöglich ist, auf dieser Erde ohne Pflanzen zu überleben. So daß, von wenigen Ausnahmen abgesehen, gesagt werden kann: Die Lebensqualität wird mit Pflanzen gesteigert.

Bezugsquellen

Sofern bei Drucklegung bekannt, werden die neuen Postleitzahlen für Deutschland genannt.

Bio Air Clean Filter
GWL
Gesellschaft für Wasser- und
Luftaufbereitung mbH
Stolberger Str. 315
50933 Köln

Clair-bio
Schott Elektrogeräte GmbH
Postfach 1660
W-3012 Langenhagen 1

Hygrometer (Feuchtemesser)
sind in Fachgeschäften für Uhren und Schmuck und beim Optiker erhältlich.

Adressen

Informationen über Schadstoffe in Innen-räumen erteilen:

Die Verbraucherinitiative
Breite Str. 51
53111 Bonn
Mitglieder erhalten eine ausführliche Be-ratung.

Außerdem kann man kostenlos Informatio-nen über Formaldehyd und andere Wohn-gifte anfordern beim
Bundesgesundheitsamt
Postfach 330013
W-1000 Berlin 33

Schadstoffuntersuchungen in Innenräumen

Deutschland
Arbeitsgemeinschaft ökologischer
Forschungsinstitute (AGÖF)
Geschäftsstelle
Alexanderstr. 17
53111 Bonn

Folgende AGÖF-Institute führen Schad-stoffuntersuchungen in Innenräumen durch (Beratung, Hausbegehung, Probenahmen, Untersuchungen):
Beratung und Analyse Verein für Umwelt-chemie e.V. (B.A.U.CH.)
Wilsnacker Str. 15
10559 Berlin

Messzelle e.V.
Postfach 127309
W-1000 Berlin 12

Unabhängige Meßstelle Berlin
im Strahlentelex
Turmstr. 13
10559 Berlin

Hamburger Umweltinstitut
Zentrum für soziale und ökologische
Technik e.V.
Feldstr. 36
20357 Hamburg

WARTIG – Chemieberatung GmbH
Labor für Entwicklung und Analytik
Friesenweg 4
22763 Hamburg

W. Heinrich – Arbeitsschutz
und Umweltchemie
Werderhöhe 38
28199 Bremen

Bremer Umweltinstitut für Analyse
und Bewertung von Schadstoffen e.V.
Wielandstr. 25
28203 Bremen

Chemie & Umwelt e.V.
Beratung, Analysen, Gutachten
Schaumburgstr. 28
30419 Hannover

Anhang

IFUA – Institut für
Umwelt-Analyse GmbH
Milser Str. 37
33729 Bielefeld

WARTIG – Chemieberatung GmbH
Labor für Entwicklung und Analytik
Ketzerbach 27
35094 Lahntal/Sterzhausen

Wissenschaftsladen Gießen e.V.
Verein für Beratung und Forschung
Frankfurter Str. 50
35392 Gießen

Umweltberatung Fulda
ehem. ULF
Am Zillbach 27
36100 Petersberg

eco-Umweltlabor GmbH
Engelbertstr. 41
50674 Köln

Katalyse e.V.
Institut für angewandte Umweltforschung
Mauritiuswall 24–26
50676 Köln

ARGUK
Arbeitsgemeinschaft Umweltkontrolle e.V.
Krebsmühle
61440 Oberursel

Umweltinstitut München e.V.
Elsässer Str. 30
81667 München

Institut für Baubiologie und Ökologie
Holzham 25
83115 Neubeuern

INA
Privatinstitut für naturwissenschaftliche
Analytik GmbH
Postfach 1105
W-8229 Laufen

Institut für ökologische Chemie
Königstr. 125
90762 Fürth

Österreich
Österreichisches Ökologie-Institut
Seidengasse 13
A-1070 Wien

INA
Privatinstitut für naturwissenschaftliche
Analytik GmbH
Postfach 58
A-5110 Oberndorf/Salzburg

Schweiz
Ökoscience
Institut für praxisorientierte Ökologie AG
Quellenstr. 25
CH-8005 Zürich

Außerdem werden Untersuchungen zum Schadstoffgehalt der Zimmerluft (Innenräume) von Baubiologen/innen durchgeführt. Adressen in den »Gelben Seiten« des Telefonbuches unter »Baubiologie«.

Wollen Sie Schadstoffe in der Luft Ihrer Innenräume selbst messen, können Sie Probenahmegeräte und dazugehörige Meßröhrchen für verschiedene Gase (Formaldehyd, Benzol, Trichlorätylen u.a.) beziehen bei:

Drägerwerk Aktiengesellschaft
Moislinger Allee 53/55
23558 Lübeck
und deren Niederlassungen in Berlin, Bielefeld, Bremen, Hamburg, Hannover, Kassel, Kiel, Köln, Krefeld, Leipzig, München, Nürnberg, Saarbrücken, Stuttgart, Schwerin und Wiesbaden, außerdem bei den Tochtergesellschaften in Österreich (Dräger Austria GmbH Wien) und Schweiz (Dräger AG).

Register

71

Register